Mike Bechtle

So ticken Männer

Über den Autor

Mike Bechtle ist sowohl in der Wirtschaftswelt als auch in christlichen Gemeinden zu Hause. Er war 18 Jahre in Gemeinden und an christlichen Universitäten tätig und hat in Unternehmen mehr als 3000 Seminare zu den Themen Produktivität, Leitung und Kommunikation gehalten. Er hat mehrere Bücher und zahlreiche Artikel geschrieben. Seit 1974 ist er Referent bei Wirtschaftsveranstaltungen, Tagungen und Pastorenkonferenzen. Nach seinem Masterabschluss an der Talbot School of Theology hat er an der Arizona State University seinen Doktortitel für Hochschul- und Erwachsenenbildung erworben. Derzeit ist er Berater der FranklinCovey Company und lebt in Fullerton, Kalifornien. Mehr unter: www.mikebechtle.com

Mike Bechtle

So ticken Männer

Das fremde Wesen an Ihrer Seite besser verstehen

Aus dem
amerikanischen
Englisch von
Silvia Lutz

GerthMedien

Für Lucy.

*Ich habe dafür gebetet, dass mein Sohn eine Frau findet,
die sein Leben mit Freude erfüllt.*

*Du übertriffst meine höchsten Erwartungen und bringst
uns allen viel Freude.*
Du bist für uns ein wunderbares Geschenk.

INHALT

EINLEITUNG – IN DEN WIND GESPROCHEN

Sie sitzen mit Ihrem Mann im Auto. Es ist bald Zeit zum Abendessen, und Sie haben einen langen, anstrengenden Tag hinter sich. Sie überlegen, dass es nett wäre, irgendwo essen zu gehen. Dann müssten Sie nicht noch die Energie aufbringen, zu Hause zu kochen (selbst wenn er dabei helfen sollte).

Deshalb sagen Sie: „Hast du Lust, essen zu gehen?"

Er antwortet: „Nein, eigentlich nicht."

Männer und Frauen verarbeiten Informationen unterschiedlich. Deshalb verletzt Sie seine Antwort vielleicht. *Ist ihm denn egal, wie anstrengend mein Tag war? Warum ist er so unsensibel? Warum muss er immer bestimmen, was wir machen?*

Es kann sein, dass Ihre Interpretation richtig ist. Vielleicht ist er wirklich unsensibel. Aber höchstwahrscheinlich hat er nicht gemerkt, was hinter Ihren Worten steckte. Er hat nur die Frage gehört, ob er jetzt essen gehen wolle, und hat Ihnen darauf eine ehrliche Antwort gegeben. Vielleicht ist er genauso müde wie Sie und freut sich darauf, zu Hause seine Ruhe zu haben, statt sich in ein volles, lautes Restaurant zu setzen. Oder vielleicht macht er sich Sorgen wegen Ihrer Finanzen und findet, dass es vernünftiger wäre, ein bisschen zu sparen.

Sie haben das Gefühl, dass er verstehen sollte, was Ihnen guttun würde. Er hat das Gefühl, dass er Ihre Frage beantwortet hat und deshalb keine weitere Erklärung nötig ist. Es sind dieselben Worte, aber sie werden völlig unterschiedlich verstanden. Der Rest des Abends kann unangenehm werden, weil unausgesprochene Erwartungen und Gefühle die Atmosphäre vergiften.

Es ist ein Kommunikationsproblem: Zwei Menschen verwenden dieselben Worte, verstehen sie aber völlig verschieden. Wenn wir davon ausgehen, dass der andere diese Worte genauso meint und versteht wie wir, sind Enttäuschungen vorprogrammiert.

Dabei spielen das Alter und die Beziehungskonstellation keine Rolle:

Mädchen verabreden sich mit Jungen, ohne zu wissen, wie Jungen ticken. Sie wissen nur das, was sie beobachten. Sie meinen, sie würden Jungen verstehen, und wundern sich, warum das so schwer ist.

Sie bekommen einen neuen Chef, aber das, was er tut, steht in Ihren Augen im Widerspruch zu dem, was er sagt. Seinen Vorgesetzten kann man jedoch nicht zur Rede stellen. Sie können also nur versuchen, ihn zu verstehen.

Frischvermählte stellen bald nach der Hochzeit fest, dass ihr Ehepartner nicht dem Bild entspricht, das sie sich von ihm gemacht hatten, und fragen sich, was nach der Hochzeitsfeier mit ihm passiert ist.

Mütter fragen sich, warum ihre Söhne völlig anders sind als ihre Töchter und wie sie ihr Verhalten verstehen sollen – besonders, wenn die Söhne Teenager werden.

Wenn Sie eine neue Fertigkeit erwerben wollen, belegen Sie entsprechende Kurse, lesen Bücher oder besuchen Seminare. Aber wenn Sie Männer besser verstehen wollen, müssen Sie Zeit und Energie investieren, um Ihre Kommunikation mit ihnen zu verbessern.

Fangen Sie jetzt damit an!

Jeder ist verschieden

Ich bin ein Morgenmensch. Ich wache normalerweise vor Sonnenaufgang auf und bin innerhalb von fünf Minuten hellwach. Wenn ich dann noch eine Tasse Kaffee trinke, bin ich topfit. Mein Verstand ist einsatzbereit. Aber spätestens um 21 Uhr kostet es mich Mühe, mehrsilbige Wörter zu bilden und aufrecht zu gehen. Sobald ich im Bett liege, schlafe ich innerhalb weniger Sekunden ein.

Meine Frau Diane ist eher ein Nachtmensch. Ihr Beruf zwingt sie oft, früh aufzustehen, und sie hat gelernt, auch am Morgen zu funktionieren. Aber eigentlich ist sie später am Tag fitter und leistungsfähiger. Sie braucht oft viel länger, um einschlafen zu können, weil ihr Verstand noch viel zu aktiv ist.

Als wir ungefähr zwei Wochen verheiratet waren, erkannten wir, dass wir hier ein Problem hatten. Wir waren zu Bett gegangen und ich schlief schon fast, als ich die drei Worte hörte, vor denen jedem Mann graut: „Wir müssen reden."

Für sie war diese Uhrzeit völlig normal. Sie hatte den ganzen Tag über die Sache nachgedacht und wollte jetzt mit mir darüber sprechen. Ich war frisch verheiratet und geriet in Panik, denn sie sollte auf keinen Fall meinen, ich würde nicht gern mit ihr sprechen. Deshalb sagte ich mir immer wieder: „Schlaf nicht ein! … Schlaf ja nicht ein! …", während sie das Problem beschrieb. Sie ging davon aus, dass ihr frischvermählter, liebevoller Ehemann gern mit ihr über diese Sache sprechen würde. Das wollte ich wirklich, und ich wollte auch gern auf sie eingehen. Sie redete weiter, und ich schlief ein.

Ihre Worte waren in den Wind gesprochen.

Nach dieser Nacht hatte ich einiges wiedergutzumachen. Aber wir waren um eine Erkenntnis reicher: Wir sind verschieden. Das liegt zum einen daran, dass ich ein Morgenmensch bin und sie ein Nachtmensch ist, aber das ist noch nicht alles. Wir sind auch sonst verschieden, einfach weil sie eine Frau ist und ich ein Mann bin.

Wenn wir uns diese Unterschiede nicht bewusst machen, können sie zu großen Kommunikationsproblemen führen.

Unterschiede sind eine Tatsache

„Ich kapiere das nicht", seufzte eine Bekannte. „Ich verstehe die Männer einfach nicht."

„Was ist denn los?", fragte ich.

„Als wir noch nicht verheiratet waren", erzählte sie, „war ich für ihn das Wichtigste auf der Welt. Er hat sich um mich bemüht. Er hat mir Blumen geschenkt. Er rief mich an, einfach um mit mir zu sprechen. Er steckte mir Zettel an die Windschutzscheibe. Er hat mich immer wieder überrascht, und er hat mein Herz erobert. Deshalb habe ich ihn geheiratet."

„Und was ist dann passiert?"

„Ich habe herausgefunden, woher er die Blumen hatte", sagte sie. „Er ist auf den Friedhof gegangen und hat sie von den Gräbern gestohlen!"

„Und das hat dich gestört?"

„Natürlich!", eiferte sie sich. „Er tat, als wäre das eine weise, praktische Idee, weil die Blumen ihren Zweck erfüllt hätten und nur verwelken und weggeworfen werden würden. Ich erklärte ihm, dass das widerlich sei, aber das hat er einfach nicht kapiert. Er ist so ein guter Mann und das passt überhaupt nicht zu ihm. Was hat er sich nur dabei gedacht?"

Das ist die große Frage: Was denkt ein Mann?

Die Antwort ist nicht ganz leicht. Aber eines kann man mit Bestimmtheit sagen: Das, was ein Mann denkt, unterscheidet sich von dem, was eine Frau denkt. Wir könnten den ganzen Tag darüber diskutieren, aber wir wissen aus eigener Erfahrung, dass Männer und Frauen verschieden sind.

Seit einigen Jahren wird sehr viel Wert auf Gleichberechtigung im Beruf gelegt. Frauen hatten nie die gleichen Chancen wie Männer. Der Gesetzgeber hat hier vieles verbessert, und das ist gut so.

Aber das bringt auch einige Herausforderungen mit sich. Bei vielen Menschen kam die Botschaft an: „Männer und Frauen sind gleich." Es klang gut, die Unterschiede zu minimieren, damit alle gleich behandelt werden würden. Männer und Frauen kleiden sich ihrem Business entsprechend, setzen sich zusammen um den Verhandlungstisch und behandeln einander mit Respekt. Die Türen stehen allen offen und jeder hat die gleichen Chancen.

Doch dann beginnen sie, miteinander zu sprechen. Und die gemeinsame Reaktion lautet:

„Häh?"

Mit den besten Absichten versucht man, Gleichberechtigung umzusetzen. Beziehungen im Beruf, in der Ehe und in Freundschaften sollen von Respekt geprägt sein. Man nimmt den anderen ernst und will ihn so gut wie möglich fördern.

Aber „Gleichberechtigung" ist etwas anderes als „Gleichheit". Männer und Frauen *sind* verschieden. Am deutlichsten zeigt sich das an unserer Kommunikation. Frauen verstehen die Männer nicht und Männer verstehen die Frauen nicht. Die Lösung besteht nicht darin, die Unterschiede zu beseitigen, sondern sie zu verstehen.

Wir können gesetzlich regeln, wie man sich zu verhalten hat. Wollen wir jedoch die angeborenen Unterschiede zwischen Männern und Frauen ändern, dann ist das so, als wollte man darüber abstimmen, in welche Richtung sich die Sonne bewegt. Wir können darüber abstimmen, aber wenn wir uns für die falsche Richtung entscheiden, sind Enttäuschungen vorprogrammiert.

Es gibt viele Bücher über Geschlechterrollen und gesellschaftliche Themen. Dies hier ist kein solches Buch. Es ist einfach eine Art Gebrauchsanleitung für Frauen – von einem Mann geschrieben –, damit sie verstehen, was im Kopf eines Mannes vor sich geht. Je mehr eine Frau erkennt, was darin wirklich abläuft, umso leichter kann sie mit diesem Wissen die Beziehungen zu den Männern in ihrem Leben verbessern.

Ich habe mit Frauen gesprochen, die frustriert waren, weil ihre Versuche, ihre Beziehungen zu verbessern, so endeten, als wollte man bei voller Fahrt einen Autoreifen wechseln. Es funktionierte einfach nicht. Eine Frau sagte: „Ich dachte, es wäre leicht, weil wir so viele Gemeinsamkeiten haben. Aber wenn wir miteinander reden, habe ich das Gefühl, als sprächen wir verschiedene Sprachen. Ich hätte gern eine Gebrauchsanleitung für meinen Mann."

Wir müssen uns noch etwas anderes bewusst machen: Jeder Mann ist anders, und auch jede Frau ist anders. Es wäre völlig falsch, in Klischees zu denken: „Alle Männer sind so" und „Alle Frauen sind so". Ich habe solche Bücher gelesen und mir gedacht: *Das mag auf andere zutreffen, aber ich bin nicht so.* Wir müssen deshalb von Anfang an einen wichtigen Filter einsetzen: *Jeder Mensch ist einzigartig.*

Es gibt einige auffällige Gemeinsamkeiten, aber eines sollten wir immer im Hinterkopf behalten: Jeder Mensch ist anders. Die Punkte, die ich anspreche, sind als Gesprächseinstieg gedacht. Sie werden einige gute Gesprächsanregungen in diesem Buch finden. Es will Ihnen helfen, tiefer zu graben. Das Buch ist aber auf keinen Fall dafür gedacht, dass Sie Männer in Schubladen stecken.

Ja, es wäre herrlich, wenn es für Männer Gebrauchsanleitungen gäbe – aber die gibt es nicht. Genauso wenig wie für Frauen, Kinder, Chefs, Nachbarn oder Schwiegereltern. Es gibt einige allgemeingültige Beobachtungen, die für die Beziehung zu diesen Menschen hilfreich sein können, doch sie sind nur der Anfang. Wir müssen jeden Menschen für sich genommen kennenlernen und verstehen.

Wer hat die Gebrauchsanleitung gestohlen?

Ich habe ein Foto von meiner ersten Enkelin Averie. Es wurde aufgenommen, kurz nachdem sie aus dem Krankenhaus nach Hause kam und zum ersten Mal dort gebadet wurde. Meine Tochter hält sie in die Wanne und mein Schwiegersohn hat ein Blatt mit Anweisungen aus dem Krankenhaus in der Hand und versucht herauszufinden, was er tun muss. Der verwirrte Blick der beiden scheint zu sagen: „Was sollen wir jetzt mit diesem Kind machen?"

In den zwölf Jahren, die seitdem vergangen sind, haben sie es Schritt für Schritt gelernt, und Averie entwickelt sich prächtig. Aber sie haben sich bestimmt oft eine Gebrauchsanleitung für die verschiedenen Entwicklungsstadien ihrer Tochter gewünscht.

Die Kommunikation mit Männern ähnelt ein bisschen dem Autofahren. Jedes Auto hat Bremsen, ein Gaspedal, ein Lenkrad, Scheinwerfer und einen Tankdeckel. Aber manchmal sind die einzelnen Teile an unterschiedlichen Stellen eingebaut – je nach Automarke und Fabrikat. Ich hatte neulich einen Mietwagen und konnte den Hebel nicht finden, mit dem die Klappe zum Tankdeckel geöffnet wird. Zum Glück lag im Handschuhfach eine Gebrauchsanleitung. (Der Hebel befand sich an einer Stelle, an der ich ihn nie gesucht hätte.)

Wenn ich die Gebrauchsanleitung für ein Auto befolge, ist das Ergebnis vorhersehbar. Menschen sind aber keine Autos, jeder ist verschieden. Es gibt vieles, das für alle Männer zutrifft, aber es gibt keine Anleitungen, die bei jedem Mann anzuwenden sind und zu den gleichen Ergebnissen führen würden. Wir können grundsätzliche Kommunikations- und Beziehungsregeln erlernen, aber der Prozess ist dynamisch und fließend.

Dieses Buch ist keine Gebrauchsanleitung, sondern es möchte Ihnen helfen, Männer zu verstehen. Sie werden hier keine Liste mit absoluten Aussagen oder Abläufen finden, die Ihnen eine perfekte Kommunikation mit Männern garantieren. Vielmehr werden Sie einen Blick dafür bekommen, was im Kopf eines Mannes vor sich geht und worin es sich von dem unterscheidet, was im Kopf einer Frau vor sich geht. Sie werden verstehen, warum Männer so denken, wie sie denken, auch wenn diese Art zu denken für eine Frau absolut nicht nachvollziehbar ist.

Meine Frau Diane hat mich darauf hingewiesen, dass es viele Bücher gibt, in denen Männer Frauen sagen, was sie tun sollten. Selbst wenn die Ratschläge vielleicht vernünftig sind, wurden sie trotzdem aus der Sicht eines Mannes geschrieben. Das ist so, als würde ein Fisch einem Vogel Schwimmunterricht erteilen wollen.

Ich gebe meiner Frau in diesem Punkt recht und werde also vorsichtig sein. Mein männliches Gehirn kann nicht begreifen, wie ein weibliches Gehirn tickt. Aber ich habe die Unterschiede untersucht und gelernt, sie zu schätzen, zu respektieren und damit umzugehen. Ich möchte Ihnen keine vorgefertigten Antworten auftischen, sondern einfach meine Gedanken und Beobachtungen weitergeben. In erster Linie möchte ich Sie als Ihr Dolmetscher oder Reiseführer begleiten, während Sie die Windungen des männlichen Gehirns erkunden.

Ich hielt einmal ein Seminar in der größten kalifornischen Stromversorgungsfirma. Der Leiter der Sicherheitsabteilung saß unter den Teilnehmern. Ich fragte ihn, woraus seine Arbeit bestehe. Er antwortete: „Meine Aufgabe ist es zu verhindern, dass Menschen sterben." Als ich weiter nachfragte, erklärte er: „Wenn man keinen Respekt vor der Elektrizität hat, kann sie einen umbringen. Deshalb sorge ich dafür, dass die Leute wissen, was passieren kann, und sich dann richtig verhalten, wenn sie damit arbeiten. Jedes Jahr sterben Menschen, weil sie denken, sie wüssten Bescheid und müssten diese Regeln nicht beachten. Ehrlich gesagt, begreife ich die Elektrizität auch nicht ganz. Ich habe sie studiert, trotzdem kann ich immer noch nicht ganz erfassen, wie sie funktioniert. Aber ich habe den größten Respekt vor ihr und ich habe gelernt, so damit zu arbeiten, dass ich die besten Ergebnisse erziele. Man muss die Elektrizität nicht bis ins Kleinste verstehen, aber man muss wissen, wie sie funktioniert, um nicht verletzt zu werden, wenn man mit ihr zu tun hat."

Das ist ein gutes Bild für das, worum es mir in diesem Buch geht: Frauen werden nie bis ins letzte Detail verstehen, wie das Gehirn eines Mannes ganz genau funktioniert, weil das ihr Vorstellungsvermögen übersteigt. Aber wenn sie zumindest anerkennen und respektieren, was im Kopf eines Mannes abläuft, können sie mit dieser Einstellung eine gute Beziehung zu ihrem Mann aufbauen.

Männer verstehen – ein Kinderspiel

Das Gehirn eines Mannes ist seine Schaltzentrale. Alles, was er tut und denkt, wird von seinem Gehirn gesteuert. Wenn Sie also wissen wollen, wie man mit einem Mann kommuniziert, müssen Sie wissen, was in seinem Kopf vor sich geht. Haben Sie das einmal durchschaut, werden Sie eine Erklärung für sehr vieles haben, das er sagt und tut.

Ich kann Ihnen nicht sagen, was ein bestimmter Mann denkt, aber wir können uns in seinem Kopf umschauen. Ich führe Sie herum. Wir machen bei einigen „besonderen Aussichtspunkten" Halt und ich erkläre Ihnen, was Sie dort sehen. Ich weise Sie auf die Tücken und Gefahrenzonen hin und zeige Ihnen, wo Sie mit Treibsand oder Giftmüll rechnen müssen. Wir klettern auch auf die Gipfel und genießen die unglaubliche Aussicht, die Ihnen entgeht, wenn Sie nur in den Niederungen bleiben.

Am Ende unserer Besichtigungstour haben Sie eine Ahnung davon, was im Kopf eines Mannes abläuft. Das wird bei jedem Mann ein wenig anders sein, aber Sie wissen dann, worauf Sie achten müssen. Der Weg wird leichter sein. Wenn Sie eine klarere Sicht auf das Gelände haben, können Sie Ihre Kommunikation entsprechend anpassen und dadurch Ihre Beziehung verbessern.

Kommunikation – der Schlüssel für Beziehungen

Eine Frau darf nicht erwarten, dass plötzlich alles anders wird, nur weil sie ein Buch über Männer gelesen hat. Das Buch ist ein Anfang. Nur wenn Sie miteinander sprechen, können Sie das Gelesene in die Praxis umsetzen. Wenn die Kommunikation stimmt, kann die Beziehung besser werden. Stimmt die Kommunikation nicht, ist es schwer, eine Beziehung zu verbessern.

Im Gespräch miteinander betreten Männer und Frauen das Gebiet der interkulturellen Kommunikation. Selbst wenn sie vielleicht dieselbe Sprache sprechen, können die Worte für beide eine völlig unterschiedliche Bedeutung haben. Er sagt: „Ich habe Hunger." Sie denkt vielleicht: *Er erwartet, dass ich ihm etwas koche.* Das kann stimmen, aber vielleicht hat er auch nur einen Zustand beschrieben, ohne irgendetwas zu erwarten. Sobald einer der beiden Vermutungen anstellt, was der andere wohl meinen könnte, kann ein Gespräch sehr anstrengend werden.

Das gilt für jede Form von Beziehung, ob in der Ehe, in der Familie, am Arbeitsplatz oder in einer Freundschaft. Frauen begegnen in jedem Lebensbereich Männern. Frauen sollten einen Mann so sehen, wie er wirklich ist, und nicht als jemanden, der repariert werden müsste, damit er so denkt wie sie. Es geht nicht darum, ihn zu ändern, sondern darum, eine Beziehung zu ihm zu haben.

Was dieses Buch von anderen unterscheidet

Als ich mit den Recherchen für dieses Buch begann, las ich, was schon alles zu diesem Thema geschrieben wurde. Ich fand Bücher darüber, wie man Beziehungen verbessert, Ehen stärkt und die typischen Konfliktbereiche überwindet, die im zwischenmenschlichen Bereich auftreten. Einige dieser Bücher setzten sich konkret damit auseinander, wie man Männer besser versteht. Die meisten dieser Bücher ließen sich in eine der folgenden Kategorien einteilen:

- Sie waren von Frauen geschrieben, die auf ihre eigenen Erfahrungen mit Männern zurückgriffen.
- Sie beschäftigten sich mit den Beziehungen zwischen Männern und Frauen, konzentrierten sich aber nicht auf die Einzigartigkeit von Männern.
- Sie enthielten sehr viele Ratschläge und Empfehlungen, wie man vorgehen sollte.
- Sie basierten mehr auf der eigenen Meinung als auf Forschungen.
- Sie basierten auf Forschungen und lasen sich wie eine wissenschaftliche Abhandlung.

Die meisten Bücher enthielten viele Informationen und wertvolle Einsichten. Aber ich fand keine einfache, allgemein verständliche Hilfestellung, damit eine Frau besser verstehen kann, wie ein Mann tickt.

Dieses Buch ist der Versuch eines Mannes, Sie „hineinzulassen". Ich möchte Sie durch die Gehirnwindungen eines Mannes führen. Wenn Sie lernen, wie Männer grundsätzlich ticken, haben Sie eine Basis, auf der Sie aufbauen können, um mit Männern in Ihrem Leben effektiv zu kommunizieren. Ich möchte Ihnen helfen, einen

Blick für die Einzigartigkeit und die Sichtweise eines Mannes zu bekommen.

Als ich Frauen erzählte, dass ich dieses Buch schreibe, erntete ich fast immer eine erleichterte Reaktion: „Auf so etwas warte ich schon lange!" Als ich Männern erzählte, dass ich es schreibe, reagierten sie entsetzt: „Auf keinen Fall! Du darfst ihnen doch nicht unsere Geheimnisse verraten!"

Dieses Buch hat nicht die Absicht, der einen oder der anderen Seite einen Vorteil zu verschaffen. Es will ein Wegweiser zu erfolgreichen Gesprächen und Beziehungen sein. Das Buch basiert auf den Forschungen anderer und auch auf meinen eigenen Kenntnissen. Zum einen lebe ich schon sehr lange mit einem männlichen Gehirn, und zum anderen ist es mein Beruf, Menschen in verschiedenen Situationen zu beobachten. Ich bin Collegeprofessor, Pastor, Mentor und Coach und habe als Unternehmensberater über 3000 Seminare geleitet. Ich habe einen Doktortitel für Hochschul- und Erwachsenenbildung und habe studiert, wie Menschen denken.

Ich weiß nicht alles, was es über das Gehirn des Mannes zu wissen gibt. Aber ich hatte reichlich Gelegenheit, menschliches Verhalten zu beobachten und mit Menschen zu sprechen. Diese Beobachtungen möchte ich mit Ihnen teilen. Ich erwarte nicht, dass Sie allem, was ich sage, widerspruchslos zustimmen. Mein Ziel ist es, Ihnen einen Einblick in das Denken von Männern zu verschaffen, damit Sie Ihre Beziehungen zu ihnen verbessern können.

Wir werden unter anderem folgende Themen behandeln:

- Was Sie in stressigen und stressfreien Situationen beachten sollten;
- warum er nicht redet und Sie nicht an sich heranlässt;
- wie Männer zuhören und was dabei anders ist, als wenn Frauen zuhören;

- was er mit dem, was er sagt, meint;
- die Illusion der Kommunikation;
- was hinter seinen Entscheidungen steht;
- wie eine reife Beziehung aussieht;
- wie seine Vergangenheit seine Gegenwart prägt;
- was einen Mann antreibt;
- was ihm nur seine Frau geben kann;
- warum er den Schmutz nicht sieht;
- welche Gefühle er hat;
- wie er seine Liebe ausdrückt.

Das ist der Plan. Wir machen uns auf den Weg, einen Mann zu verstehen, und ich kann es kaum erwarten, Sie durch seine Gehirnwindungen zu führen. Wahrscheinlich haben Sie dieses Buch aufgeschlagen, um Ihren Mann oder Freund besser zu verstehen. Deshalb legen wir den Schwerpunkt auf Ihren Ehemann bzw. Ihren Freund. Aber Sie werden das, was Sie hier erfahren, auch auf männliche Vorgesetzte, Bekannte oder Verwandte anwenden können.

Fangen wir also an! Lassen Sie sich auf das Abenteuer ein!

MOMENT! – Eine wichtige Sache gibt es noch!

Bevor wir loslegen, muss ich etwas Wichtiges erwähnen: *Beim Schreiben dieses Buches hatte ich Männer mit einer stabilen Persönlichkeit im Blick.* Nicht alle Männer haben eine stabile Persönlichkeit. Einige sind kontrollsüchtig und egoistisch und haben Probleme aufgrund von Kindheitserfahrungen, traumatischen Erlebnissen oder Fehlfunktionen.

Jeder Mann hat Momente, in denen er verantwortungslos und egoistisch handelt. Das ist kein typisches Männerproblem; solche Momente sind bei jedem Menschen zu beobachten. Gerade in solchen Momenten kommt es oft zu schwierigen Gesprächen. Dieses Buch gibt Ihnen das nötige Werkzeug an die Hand, damit Sie in diesen Situationen richtig handeln können.

Ich werde nicht darauf eingehen, wie es ist, wenn diese destruktiven Ausnahmen das typische Verhalten eines Mannes sind. Wenn Sie bei unserer gemeinsamen Erkundung feststellen, dass die gefährlichen Stellen im Kopf Ihres Mannes alle anderen Bereiche überfluten und vergiften, sollten Sie professionelle Hilfe in Anspruch nehmen. Mit Selbsthilfebüchern kommen Sie in einem solchen Fall nicht weiter.

Bei Kopfschmerzen nehme ich eine Schmerztablette. Aber bei einem Herzinfarkt brauche ich das Fachwissen eines Kardiologen. Wenn ich einen Herzinfarkt mit Hausmitteln kurieren will, kann das tödlich enden. Dieses Buch will Ihnen helfen, einen guten Mann mit einer stabilen Persönlichkeit zu verstehen, der menschlich und unvollkommen ist. Das ist das Ziel.

TEIL 1
WAS EIN MANN ZUM LEBEN BRAUCHT

Meine Enkelin bekam heute mit der Post eine Dose Würmer.

Ich half meiner Tochter Sara am Vormittag bei einigen Arbeiten und war da, als die Post kam.

Die Kinder waren beim Ferienprogramm ihrer Gemeinde. Als das Programm zu Ende war, holte Sara die Kinder mit dem Auto ab und ich arbeitete in der Garage weiter. Das Tor hatte ich offen gelassen.

Das Auto des Paketdienstes hielt vor dem Haus. Der Fahrer stieg aus und reichte mir ein kleines Paket. Ich brachte es ins Haus und ging dann wieder an meine Arbeit.

Als Averie nach Hause kam und das Paket sah, war sie begeistert. Sie riss es auf, entfernte das Füllmaterial, zog eine kleine, runde Dose heraus und öffnete sie. Voller Begeisterung zeigte sie mir den Inhalt: viele kleine, zappelige Würmer.

Averie hat eine schwarze Bartagame, ein interessant aussehendes Reptil namens Leia (nach Prinzessin Leia aus *Star Wars*). Sie hatte ihr Taschengeld gespart, um sie zu kaufen, und hält sie nun in einem Terrarium in ihrem Zimmer. In dem Terrarium ist eine Höhle, in der Leia schlafen kann, eine Futterschüssel, ein Felsen, auf den sie klettern kann, und eine Wärmelampe über dem Felsen, damit sie sich sonnen kann.

In dem Terrarium hängt sogar eine Hängematte.

Leia geht es rundum gut. Warum? Weil sie gut versorgt wird. Averie hat sich viel Zeit genommen, um sich über Bartagamen zu informieren, bevor sie sich eine kaufte. Sie las, was sie fressen, wie sie schlafen und was die idealen Lebensbedingungen für sie sind. Averie macht das Terrarium regelmäßig sauber und führt Leia sogar an einer Leine im Garten spazieren.

An Leias Stelle ginge es mir auch gut!

Wir Erwachsenen investieren ebenfalls viel Energie, um uns über unsere Haustiere zu informieren und so viel wie möglich über sie zu erfahren. Dank dieses Wissens beschweren wir uns nicht darüber, dass sie nicht sprechen und nicht mit uns Fußball spielen. Wir finden heraus, was sie mögen und was sie brauchen, um sich wohlzufühlen, und wir tun alles, damit ihre Bedürfnisse gestillt werden. Wir haben realistische Erwartungen. Auf diese Weise machen sie uns viel Freude.

Das gilt auch für Männer. Frauen haben konkrete, besondere Bedürfnisse, und Männer haben ebenfalls Bedürfnisse. Wenn diese Bedürfnisse gestillt werden, können sie sich so entwickeln, wie Gott sie geschaffen hat. Werden diese Bedürfnisse aber nicht gestillt, dann liegen sie die ganze Zeit in der Hängematte herum.

Am Anfang dieses Buches wollen wir untersuchen, wie diese Bedürfnisse aussehen. Wir betrachten, was im Kopf eines Mannes vor sich geht, sowohl anhand neuester Forschungen als auch aus seiner eigenen Sicht. Wenn sich Frauen über Männer informieren und so viel wie möglich über sie lernen, haben sie sehr gute Chancen auf erfüllende Beziehungen.

MÄNNER SIND ANDERS, FRAUEN AUCH

Im Laufe der Jahre haben wir eine Menge Möbel gekauft, die man selbst zusammenbauen muss. Es läuft immer nach dem gleichen Muster ab:

- Das Paket öffnen,
- die Anleitung suchen (zumindest macht das meine Frau),
- alle Teile ausbreiten,
- versuchen, sie nach der Anleitung zusammenzubauen,
- frustriert sein,
- Kekse essen.

Die Bauanleitung liest sich, als hätte sie jemand geschrieben, der die Einzelteile nie gesehen hat. Wir können uns nicht wie vorgesehen „Schritt für Schritt" vorarbeiten, schütteln immer wieder ratlos den Kopf und denken: *Wenn ich mich richtig konzentriere, muss ich doch herauskriegen, wie es geht.* Aber es funktioniert trotzdem nicht.

Geht Ihnen das bei Männern nicht oft genauso? Sie lernen einen Mann kennen, der Ihnen gefällt. Äußerlich sieht er recht vielversprechend aus. Aber Sie finden keine Bauanleitung. *Das macht nichts,* denken Sie. *Er wurde schon fix und fertig zusammengebaut geliefert.* Sie meinen, Sie bräuchten sich keine Gedanken darüber zu machen, wie Sie die einzelnen Teile zusammenfügen müssen.

Allerdings fehlt nicht nur die Bauanleitung, sondern auch die *Gebrauchsanleitung,* die beschreibt, wie er funktioniert. Sie finden die Ein-/Aus-Taste nicht. Er schaltet sich willkürlich von selbst ein und plötzlich wieder aus, wenn Sie am wenigsten damit rechnen. Normalerweise scheint er ganz gut zu funktionieren, aber Sie sehen keine Möglichkeit, ihn zu steuern. Meistens tut er, was Sie von ihm erwarten.

Aber es gibt auch diese unerwarteten Momente, in denen er nicht kooperiert. Sie denken, er würde Ihnen beim Abwasch helfen, aber dann lümmelt er sich nur aufs Sofa, verputzt eine Tüte Chips und schaut wie gebannt zu, wie erwachsene Männer hinter einem Ball herlaufen.

Das habe ich nicht bestellt!, denken Sie. Sie haben einen Lebenspartner und Teamkameraden erwartet, aber jetzt haben Sie das Gefühl, dass ihn jemand falsch programmiert haben muss. Der Fehler kann anscheinend nicht behoben werden. Am liebsten würden Sie ihn wieder in den Karton stecken und gegen ein anderes Modell eintauschen.

Erst jetzt fallen Ihnen die Warnhinweise auf dem Karton auf, die Sie bisher übersehen haben:

- „Zerbrechlich"
  (Er braucht regelmäßig Bestätigungen, damit er funktionsfähig bleibt.)
- „Diese Seite oben"
  (Wenn er falsch behandelt wird, funktioniert er nicht richtig.)

- „Batterien im Lieferumfang nicht enthalten"
  (Ihm geht in den unpassendsten Momenten die Energie
  aus.)

Was machen Sie also, wenn Sie keine Gebrauchsanleitung haben?
Sie schreiben selbst eine.

Die meisten Frauen haben mit den Männern in ihrem Leben ähnliche frustrierende Erfahrungen gemacht. Also tauschen sie sich aus und versuchen gemeinsam herauszufinden, was Männer denken. Aber solange sie nicht genau wissen, was im Kopf eines Mannes vor sich geht, haben sie keine Chance. Sie schreiben mit der Logik einer Frau ihr eigenes Betriebshandbuch. Etwas anderes kennen sie ja nicht.

Das kann gefährlich sein, denn es kann leicht dazu führen, dass die Unterschiedlichkeit der Männer als Problem angesehen wird, das Frau lösen müsste. Es gibt viele Bücher, die zwei Ziele verfolgen:

1. Diese Unterschiede zu beheben,
2. sich mit diesen Unterschieden abzufinden.

Beides kann ungesund sein. Denn dabei wird übersehen, dass Unterschiede *wichtig* sind, damit eine Beziehung wachsen und aufblühen kann. Das ist die dritte Möglichkeit. Unsere gemeinsame Reise durch dieses Buch hat sich diese Option zum Ziel gesetzt: *Wie Frauen lernen können, diese Unterschiede zu lieben und zu schätzen.*

Ich weiß, dass Sie es nicht erwarten können, an den Unterschieden zu arbeiten. Aber um die Unterschiede zwischen den Geschlechtern zu erkunden und zu schätzen, ist es wichtig, zuerst einmal unsere Ähnlichkeiten zu erkennen. Männer und Frauen haben mehr Ähnlichkeiten als Unterschiede. Sobald wir einen Blick für die Bereiche haben, in denen wir uns ähnlich sind, fällt es uns viel leichter, die Bereiche wertzuschätzen, in denen wir verschieden sind.

Wenn Sie nur auf die Unterschiede schauen, bekommen Sie vielleicht das Gefühl, betrogen worden zu sein. Sie haben den Eindruck, dass es nie besser werden wird und dass Sie in einer hoffnungslosen Situation festsitzen. In diesem Fall könnten Sie zu dem Schluss kommen, dass Sie Ihre Bedürfnisse selbst stillen müssten, da Ihr Mann scheinbar kein Interesse daran hat. Sie haben sich eine Beziehung gewünscht, aber Sie haben das Gefühl, trotzdem allein zu sein.

Deshalb ist es so wichtig, mit den Ähnlichkeiten anzufangen. Wenn wir uns auf die vielen Bereiche konzentrieren, in denen wir uns ähnlich sind, bekommen wir einen ausgewogeneren Blick für unsere Beziehungen. Bestimmte Grundbedürfnisse hat jeder Mensch.

Einfach ausgedrückt: Die Ähnlichkeiten zwischen Männern und Frauen sind wirklich ähnlich. Und die Unterschiede sind wirklich unterschiedlich.

Die Grundlage für Ähnlichkeiten

Mein Sohn Tim ist ein knappes Jahr verheiratet. Neulich fragte ich ihn: „Hast du etwas über die Ehe herausgefunden, mit dem du nicht gerechnet hättest?"

„Ja, ich hätte nie erwartet, dass die Ehe so viel Spaß machen kann", antwortete er. „Aber ich hätte auch nicht damit gerechnet, dass wir so verschieden sind. Und wie gut das ist."

Ich bat ihn, mir das näher zu erklären. „Als ich studierte", sagte er, „bin ich mit Mädchen ausgegangen, die genauso waren wie ich. Ich nahm an, dass das, was wir aneinander interessant fanden, unsere Ähnlichkeiten waren. Uns gefielen die gleichen Sachen, wir hatten den gleichen Geschmack und wir hatten sogar viele Charaktereigenschaften gemeinsam. Ich dachte, wenn man seinen Seelenverwandten findet, wäre das auch so. Aber Lucy und ich sind völlig gegensätzlich. Alles an ihr ist anders, und gerade das macht so viel Spaß. Ich weiß nie, was mich erwarten wird. Sie sieht vieles anders als ich. Wenn ich denke, dass ich in einer Sache recht habe, betrachtet sie sie aus einer völlig anderen Perspektive und bringt mich dazu, alles neu zu überdenken. Halten wir zusammen, dann wird alles besser. Aber wenn wir herausfinden wollten, wer richtig liegt und wer falsch, würde alles nur schlechter werden."

Ich habe viel über diese Antwort nachgedacht und erkannt, wie weise diese Sicht meines Sohnes ist. Die meisten fühlen sich zu Menschen hingezogen, die genauso denken wie sie. Das ist bequem und vertraut. Ähnlichkeiten machen es leicht, andere zu verstehen, und sind ein guter Ausgangspunkt für Beziehungen.

Jeder Mensch ist einzigartig. Menschen, die aufgrund ihrer Ähnlichkeiten eine Beziehung zueinander aufbauen, entfernen sich oft im Laufe der Zeit durch ihre Unterschiedlichkeit wieder voneinander. Die Ähnlichkeiten waren bequem; die Unterschiede sind unbequem. Wenn diese Unterschiede sichtbar werden, passiert es leicht, dass man sich auf sie konzentriert und die Ähnlichkeiten in den Hintergrund rücken lässt. Wir meinen, der andere hätte sich verändert, aber in Wirklichkeit sind wir nur schon so lange zusammen, dass unsere Einzigartigkeit zum Vorschein kommen konnte.

Das gilt für jede Beziehung: in der Ehe, im Beruf, in der Familie und in Freundschaften. Wir bewegen uns in unserer Komfortzone und vermeiden das, was unbequem ist, ganz nach dem Motto: „Ich unterhalte mich mit dir, weil du viel Ähnlichkeit mit mir hast. Aber wenn du anfängst, mir von der Würmersammlung in deinem Kühlschrank oder von deinem Interesse an unterirdischen Schmetterlingsgattungen zu erzählen, erscheinst du mir ein wenig sonderbar und ich suche mir einen anderen Gesprächspartner (es sei denn, ich teile diese Interessen)." Ähnlichkeiten führen uns zusammen, Unterschiede führen uns auseinander.

Der Heimvorteil

Ähnlichkeiten verschaffen uns einen „Heimvorteil", ob in unserem Privatleben, in Liebesbeziehungen, bei oberflächlichen Kontakten oder in beruflichen Beziehungen. Wenn wir die Unterschiede zwischen Männern und Frauen untersuchen, sollten wir uns deshalb auch die Zeit nehmen, unsere Ähnlichkeiten genauer zu betrachten. In welchen Bereichen sind wir uns ähnlich? Was brauchen wir alle?

Die Eigenschaften und Bedürfnisse von Männern und Frauen bilden ein gutes Fundament, auf dem man aufbauen kann. In unterschiedlichem Maße hat jeder Mensch das Bedürfnis,

- *geliebt zu werden* – einen Platz im Herzen eines anderen zu haben.
- *geachtet zu werden* – von jemandem wegen seiner persönlichen Qualitäten, Leistung oder seines Status bewundert zu werden.
- *gebraucht zu werden* – das Vakuum im Leben eines anderen Menschen füllen zu können.
- *der Mittelpunkt zu sein* – von einem anderen Menschen umsorgt zu werden.
- *beachtet zu werden* – die Aufmerksamkeit eines anderen Menschen zu genießen und nicht unsichtbar zu sein.
- *wertgeachtet zu werden* – von jemandem vermisst zu werden, wenn wir nicht da wären.

- *erfrischt zu werden* – durch einen anderen Menschen eine spürbare Leichtigkeit in unser Leben zu bekommen.
- *Vertrauen zu wecken* – einem anderen Menschen, der sich in unserer Gegenwart geborgen fühlt und uns an seinem Leben teilhaben lässt, das Gefühl von Sicherheit zu geben.
- *gehört zu werden* – von jemandem verstanden zu werden, der uns zuhört und der nicht nur selbst reden will.
- *ermutigt zu werden* – von anderen neue Kraft zu bekommen, um weiterzumachen, wenn uns die Kraft ausgeht.
- *Treue zu erleben* – von jemandem, dem wir vertrauen, im Chaos nicht im Stich gelassen zu werden.
- *träumen zu dürfen* – ernst genommen zu werden, wenn wir kühne Ideen haben, denn zu träumen ist riskant und kreativ.

Diese Liste ließe sich fortsetzen, aber schon diese paar Punkte machen klar: Wir haben viel mehr Ähnlichkeiten als Unterschiede, einfach weil wir alle Menschen sind.

Was würde sich in unseren Beziehungen ändern, wenn wir versuchten, die Grundbedürfnisse des anderen zu stillen, und uns nicht nur auf unsere Unterschiede konzentrierten? Wenn wir uns alle vornähmen, uns auf unsere Ähnlichkeiten zu konzentrieren, wäre ein Buch wie dieses überflüssig. Konzentrieren wir uns darauf, unsere gemeinsamen Bedürfnisse zu stillen, dann haben wir ein solides Fundament, durch das wir richtig mit unseren Unterschieden umgehen können, sobald sie zutage treten.

Wie fühlen Sie sich, wenn Ihnen jemand vertraut, Sie achtet, Ihnen zuhört und Sie ermutigt? Wie wäre es, wenn Sie das bei den Männern in Ihrem Leben probieren würden?

Mit Ihrer ernsten Absicht, das Leben des anderen zu fördern, legen Sie das Fundament für gute, gelingende Beziehungen.

Männliche Chefs werden zu echten Menschen, zu denen Sie eine Beziehung aufbauen können. Ihre Kollegen und Freunde werden *Menschen*, mit denen Sie Lebenserfahrungen teilen. Der Mann, den Sie lieben, und Ihre Söhne sind anders als Sie, aber Sie haben mehr mit ihnen gemeinsam, als Ihnen vielleicht bewusst ist.

Führen Unterschiede zu Reibungen, dann kann uns das sehr viel Energie und Konzentration kosten. Vielleicht denken Sie: „Männer sind einfach verrückt. Ich werde einfach nicht aus ihnen schlau." Das stimmt, und das kann frustrierend sein. Selbst wenn Sie solche Gedanken noch nicht hatten, können sie jederzeit auftreten. Und das ist gut so.

Unsere Ähnlichkeiten sind genauso real wie unsere Unterschiede, und sie sorgen dafür, dass unsere Beziehungen intakt bleiben.

Hier sind einige Prinzipien, mit denen wir anfangen können:

1. Ähnlichkeiten sind gut und bequem. Dank ihnen ziehen Menschen sich an.
2. Unterschiede sind gut, aber sie können unbequem sein. Sie können
3. Menschen auseinandertreiben.
4. Gute Beziehungen entstehen, wenn die Ähnlichkeiten nicht vergessen und die Unterschiede geschätzt werden.

Die Macht einer Komfortzone

Tanja erzählt Max von einem aufwühlenden Gespräch, das sie mit einer Freundin hat. Max hört ihr zu und fragt sogar an einigen Stellen nach. Ein paar Tage später erwähnt Tanja dieses Thema erneut, aber Max kann sich nicht erinnern, je mit ihr darüber gesprochen zu haben.

Aus ihrer Sicht ist er lieblos und unsensibel. Aber Max findet das überhaupt nicht und versteht nicht, was geschehen ist. Er weiß, dass er sie verletzt hat, doch er hat keine Ahnung, womit – oder was er jetzt machen soll.

Genauso wie Tanja und Max sehen wir alle das Leben durch unsere eigene „Brille". Wir haben diese Brille durch die Erfahrungen in unserem Leben entwickelt und festgestellt, dass wir mit dieser Brille am besten zurechtkommen. Wir stellen unsere Brille normalerweise nicht infrage, weil in unseren Augen alles völlig logisch und offensichtlich ist. Sobald wir davon ausgehen, dass jeder dieselbe Brille wie wir hat, kommt es zu Kommunikationsproblemen.

Wir sollten uns darauf konzentrieren, die Brille des anderen zu verstehen, und nicht versuchen, sie ändern zu wollen. Keinem Menschen gefällt es, wenn andere ihn „zurechtbiegen" wollen. Wir wollen so akzeptiert werden, wie wir sind, selbst mit unseren Eigenheiten. Wenn wir uns angenommen fühlen, haben wir ein sicheres Gefühl. Und in einer solchen Situation sind wir auch eher bereit, an uns zu arbeiten und uns zu verändern.

Männer sind anders als Frauen, aber sie sind nicht *vollkommen* anders. Unsere Ähnlichkeiten schaffen Komfortzonen in unseren Beziehungen, in denen wir ganz wir selbst sein können.

Oft heißt es, dass wir „unsere Komfortzone verlassen" müssten. Das stimmt auch für den Fall, dass wir uns Ziele setzen und in unserem Leben weiterkommen wollen. Aber in Beziehungen sind Komfortzonen wichtig. Es ist nicht realistisch oder praktikabel, *ständig* gefordert zu werden. In unserer Komfortzone leben wir, entspannen wir uns und sammeln neue Kräfte. Hier laden wir unsere Akkus wieder auf und tanken Energie für das nächste Abenteuer. Hier fühlen wir uns einfach wohl.

Sport ist dafür ein anschauliches Beispiel. Beim Gewichtheben zwingen wir unsere Muskeln, ihre Komfortzone zu verlassen.

Dadurch wachsen die Muskeln. Aber nach dem Training brauchen sie Zeit, um sich zu erholen. Wachstum entsteht durch den wiederholten Zyklus aus Kraftübungen und Ruhepausen. Diese Ruhepausen – die Komfortzone – bereiten die Muskeln darauf vor, in der Zukunft wieder gefordert zu werden, und erhöhen ihre Fähigkeit, mehr Leistung zu bringen.

In Beziehungen sorgen unsere Ähnlichkeiten für diese Komfortzone. Die Komfortzone sollte den größten Teil unserer Beziehung ausmachen. Wenn Unterschiede sichtbar werden, locken sie uns aus unserer Komfortzone und fordern uns heraus. Haben wir verstanden, worum es bei diesen Unterschieden geht, können wir in unsere Komfortzone zurückkehren. Ist das nicht der Fall, bleiben wir vielleicht über einen langen Zeitraum frustriert.

Je länger wir uns außerhalb unserer Komfortzone bewegen, umso unsicherer fühlen wir uns. Es ist, als hätte jemand die Tür zu dieser Komfortzone verriegelt und wir hätten den Schlüssel verloren.

Wenn ich beruflich unterwegs bin, entspanne ich mich nicht so wie zu Hause. Ich muss Anschlussflüge erwischen, einen Mietwagen zurückgeben, Mahlzeiten aus der Hand essen und mich den ganzen Tag auf Klienten konzentrieren und vor Gruppen sprechen.

Kurze Umsteigezeiten bei den Flügen strapazieren meine Nerven, und wenn mein Flugzeug endlich landet, bin ich erschöpft. Ich bin zwar fast zu Hause, aber das letzte Stück vom Flughafen bis nach Hause muss ich noch mit dem Auto fahren. Wenn ich dann vor unserem Haus den Motor abstelle, fühle ich mich, als wäre ich nach einem langen Tag in der prallen Sonne endlich in einer schattigen Oase angekommen. Ich kann mich entspannen. Ich bin in meiner Komfortzone angelangt. Hier tanke ich für die nächste Reise auf.

Jeder bringt sein „Gepäck" mit

Wenn wir unsere Ähnlichkeiten aus dem Blick verlieren, passiert es leicht, dass wir Menschen (besonders Vertreter des anderen Geschlechts) in Schubladen stecken und denken: *So sind sie alle.* Aber in den meisten Fällen haben die Dinge, die uns frustrieren, nichts damit zu tun, dass unser Gegenüber ein Mann oder eine Frau ist. Sie haben mit dem „Gepäck" zu tun, das wir aus unserer Vergangenheit mitbringen.

Dieses „Gepäck" kann zum Beispiel darin bestehen, dass wir manche Dinge in unserem Leben ein wenig ungeschickt angehen. Manchmal liegt es daran, wie wir aufgewachsen sind – ob wir gut versorgt wurden oder nicht, wie wir bestraft wurden, wenn wir etwas falsch gemacht hatten, oder wie wir erzogen wurden (von Eltern, die auch ihr „Gepäck" trugen). Manchmal liegt es an unseren Lebenserfahrungen, an schmerzlichen Situationen, die wir erlebt haben und in denen wir nicht wussten, was wir tun sollten. Diese Zeiten fühlten sich nicht gut an. Deshalb haben wir Mauern aufgezogen oder Strategien entwickelt, um nicht wieder verletzt zu werden.

Wir konnten uns unsere Eltern nicht aussuchen. Wir hatten auch keinen Einfluss auf unseren sozioökonomischen Status, den Ort, an dem wir unsere Kindheit verbrachten, oder die Erfahrungen, die wir dank anderer machen mussten. Wir waren Kinder und hatten nicht die Mittel, um wie Erwachsene zu reagieren. Nach und nach haben wir gelernt, mit den Mitteln umzugehen, die uns zur Verfügung standen.

Als wir älter wurden, nahmen wir die uns verfügbaren Mittel mit in unser Erwachsenenleben hinein. Einige funktionierten, andere waren wirkungslos und manche fehlten uns. Als Erwachsene setzen wir diese Mittel immer noch ein, um durchs Leben zu kommen. Manchmal funktionieren diese Mittel gut, beispielsweise eingeübte kommunikative Fähigkeiten. Manchmal sind die Mittel wirkungslos, zum Beispiel wenn wir versuchen, mit einem Menschen zu verhandeln, der uns einfach nicht zuhört. Oder unsere Mittel funktionieren nicht, und wir wissen nicht, was wir noch tun können. Wir brauchen neue Mittel, wissen aber nicht, wo wir sie finden können.

Das verbirgt sich hinter dem Begriff „Gepäck". Mit Gepäck meine ich die Instrumente und Hilfsmittel, die uns fehlen oder die nicht funktionieren – die Dinge, die es uns schwer machen, im Leben und in Beziehungen gut zurechtzukommen.

Jeder hat ein solches Gepäck. Männer haben ihr Gepäck. Frauen haben ihr Gepäck.

Wir fangen mit den Ähnlichkeiten an, weil sie uns zusammenführen. Im Anschluss daran betrachten wir die Unterschiede, und dabei ist es wichtig, dass wir erkennen, woher sie kommen. Sind Sie wegen eines Mannes frustriert, sollten Sie erkennen können, ob Ihr Frust damit zusammenhängt, dass er ein Mann ist, oder ob es mit seinem Gepäck zu tun hat.

Wenn es damit zusammenhängt, dass er ein Mann ist, wird sich daran nichts ändern. Dann ist es am besten, es als Tatsache zu akzeptieren und zu lernen, wie Sie richtig darauf reagieren und damit umgehen können.

Hat Ihr Frust aber mit seinem Gepäck zu tun, muss es nicht immer so bleiben. Vielleicht sitzt es sehr tief, aber es lohnt sich, der Sache auf den Grund zu gehen.

Ein Mann kann sich bei seinem Gepäck helfen lassen, aber er kann nichts daran ändern, dass er ein Mann ist.

Alle Männer sind verschieden

Es ist auch eine Tatsache, dass man nicht alle Männer über einen Kamm scheren kann. Die Aussage „Alle Männer sind…" ist schlichtweg falsch. Männer unterscheiden sich in einigen Punkten auf ziemlich vorhersehbare Weise von Frauen, aber jeder Mann hat einzigartige Unterschiede. Der eine Mann ist vielleicht sensibler und der andere nicht. Der eine Mann ist sehr leistungsorientiert und ein anderer denkt viel nach.

Als Introvertierter bin ich viel eher der nachdenklichere Typ. Ich treffe keine schnellen Entscheidungen, weil ich immer zuerst alle Möglichkeiten auslote. Das klingt gut, aber dadurch schiebe ich vieles vor mir her.

Ein Extrovertierter ist vielleicht spontaner und wird aktiv, ohne viel Zeit damit zu vergeuden, die einzelnen Möglichkeiten zu durchdenken. Er erledigt viel, aber seine Entscheidungen führen vielleicht nicht immer zum besten Ergebnis.

Genauso wie es zwischen Männern und Frauen Ähnlichkeiten und Unterschiede gibt, trifft das auch auf Männer zu. Sie sind sich in vielem ähnlich, aber sie sind auch in vielen Dingen einzigartig. Wenn man die Ähnlichkeiten und die Unterschiede nebeneinanderstellt, überwiegen die Ähnlichkeiten. Die Unterschiede sind vergleichsweise gering. Es ist wichtig, sie unter die Lupe zu nehmen, aber erst, wenn man sich die Ähnlichkeiten genau angesehen hat.

Wir wollen erkunden, in welchen Bereichen sich Männer von Frauen unterscheiden und gleichzeitig schauen, wo sie untereinander ähnlich sind. Dabei betrachten wir die grundlegenden Charaktereigenschaften, die die meisten Männer haben, und dann befassen wir uns damit, wie jede einzelne dieser Eigenschaften bei jedem einzelnen Mann aussieht.

Unterschiede feiern

Ich höre oft, dass Männer entweder bedient oder besiegt werden müssten. Solche Aussagen sind gefährlich und erschweren echte, intakte Beziehungen.

Mit dem Satz „Männer müssen bedient werden" wird behauptet, dass eine Frau sich bemühen sollte, einem Mann zu gefallen. „So sind Männer nun einmal", heißt es. „Die Frau muss sich ändern und sich ihm anpassen." Dieser Standpunkt tut sowohl Männern als auch Frauen Unrecht, weil er indirekt sagt, dass Männer immer recht hätten und dass sich die Frauen ändern müssten.

Wenn Männer besiegt werden müssen, heißt das, dass ihre Unterschiedlichkeit negativ ist. Damit wird ein Kampf zwischen den Geschlechtern heraufbeschworen, in dem Frauen ihre Stärke zeigen müssen, um gelingende Beziehungen zu haben. Dieser Standpunkt tut ebenfalls beiden Seiten Unrecht, denn er sagt indirekt, dass jemand immer recht und jemand immer unrecht hätte.

Für intakte Beziehungen ist es wichtig, die Unterschiede anzuerkennen und sie als Zutaten zu einer faszinierenden Beziehung zu betrachten. Es geht aber nicht nur darum, die Unterschiede zu akzeptieren, sondern sie zu *feiern*.

Es gibt nichts Faszinierenderes, als einen anderen Menschen in seiner Tiefe kennenzulernen. Wenn zwei Menschen reifen, kann ihre Einzigartigkeit immer wieder geheimnisvolle Dinge ans Licht bringen. Fragen Sie ein Ehepaar, das seit Jahrzehnten zusammen ist, und es wird Ihnen erzählen, dass sie immer noch Neues am anderen entdecken. Sie befinden sich nicht in einem ständigen Kampf, sondern erleben eine Partnerschaft voller *Wunder und Staunen*.

WAS SIE ÜBER IHN
WISSEN SOLLTEN

Ihr Sohn kommt zu Ihnen und sagt: „Ich habe Hunger." Was antworten Sie darauf?

Die meisten Eltern geben eine der folgenden Antworten:

„Du kannst keinen Hunger haben. Du hast erst vor einer Stunde gegessen."

„Wir halten jetzt nicht an, um etwas zu essen zu kaufen. Du musst warten, bis wir zu Hause sind."

„Warte bis zum Abendessen."

„Du bekommst jetzt kein Eis. Du hast nur gerade die Werbung gesehen und willst deshalb plötzlich eins."

„Hier sind ein paar Möhren. Du brauchst etwas Gesundes."

Als Eltern ist es unsere Aufgabe, dafür zu sorgen, dass unsere Kinder das bekommen, was sie brauchen. Aus Erfahrung wissen wir, dass „Ich habe Hunger" viele verschiedene Bedeutungen haben kann. Deshalb haben wir uns angewöhnt, grundsätzlich erst einmal Nein zu sagen, wenn wir diesen Satz hören. So gehen wir einfach mit ständigen Forderungen um.

Aus diesem Grund antworten Eltern auf „Ich habe Hunger" so selten mit: „Na klar! Was möchtest du essen?" Vielleicht beschließen wir hin und wieder, das zu sagen, aber nur, wenn wir vorher zu dem Schluss gekommen sind, dass die darin enthaltene Bitte berechtigt ist.

Dann kommt Ihr Mann zu Ihnen und sagt: „Ich habe Hunger" oder „Ich will mit dir ins Fußballstadion gehen" oder „Ich hätte Lust auf einen romantischen Abend" oder „Ich möchte heute einfach zu Hause bleiben". Was antworten Sie darauf? Oder – noch bevor Sie ein Wort sagen – was *denken* Sie?

Wahrscheinlich hat er früher wie die meisten Kinder vieles haben wollen und seine Mutter hat fast regelmäßig Nein gesagt. Doch jetzt ist er ein erwachsener Mann und schätzt seine Unabhängigkeit. Er kann seine Entscheidungen selbst treffen und hat jahrelang auf diese Unabhängigkeit hingearbeitet, die stark zu seinem Selbstwertgefühl beiträgt. Diese Unabhängigkeit ist ein Teil seines Seins.

Wenn Sie sich angewöhnt haben, seine Wünsche infrage zu stellen, stehen dahinter vielleicht edle Motive. Ihnen liegt sein Wohl am Herzen und Sie wollen, dass er die richtigen Entscheidungen trifft. Aber raten Sie mal, was in seinem Kopf abläuft, wenn Sie seine Wünsche und Bitten infrage stellen?

Richtig! Sie haben gerade den Platz seiner Mutter eingenommen. Das tut den meisten erwachsenen Beziehungen nicht gut.

Das bedeutet nicht, dass Sie immer alles tun sollten, was er vorschlägt. Schließlich steckt in ihm immer noch der kleine Junge, der alles haben will, was er sieht. Aber je nachdem, wie Sie es angehen, wird er so oder so reagieren. Wenn Sie seinen Vorschlag von vornherein als unvernünftig abtun, ohne zu fragen, was er wirklich denkt, hat er das Gefühl, wie ein Kind behandelt zu werden. Sie erwarten eine positive Reaktion von ihm? Dann sollten Sie anfangen, die Dinge mit seinen Augen zu sehen.

Wie machen Sie das? Ganz einfach: Sie sprechen mit ihm und

reagieren nicht nur. Sie bitten ihn, Ihnen zu erklären, was er genau meint, und gehen nicht einfach davon aus, dass Sie das wüssten. Statt zu sagen: „Bist du verrückt? Zu Hause wartet so viel Arbeit und du willst ins Fußballstadion gehen!", könnten Sie es anders angehen: „Zu welchem Spiel? Wann fängt es an? Es wäre echt schön, mit dir etwas zu unternehmen. Aber weißt du, ich habe mir heute einiges vorgenommen, das ich eigentlich erledigen will. Können wir darüber sprechen und gemeinsam eine Lösung suchen, mit der wir beide zufrieden sind?"

Bei der ersten Reaktion hat der Mann das Gefühl, dass ihm Hindernisse in den Weg gelegt werden und ihm jemand sagt, dass er das, was er will, nicht haben kann. Bei der zweiten Variante begegnen Sie ihm mit Respekt und ermöglichen ihm, gemeinsam mit Ihnen eine Lösung zu finden. Lösungen finden kann er gut. In diesem Fall sind Sie ein Team, das gemeinsam ein Problem lösen will, und kämpfen nicht gegeneinander.

Was denken Männer sonst noch?

Das soeben beschriebene Szenario schilderte mir ein Mann, den es frustriert, wie seine Frau jedes Mal reagiert, wenn er etwas vorschlägt. „Damit gibt sie mir das Gefühl, kontrolliert zu werden", sagte er. „Und so sollte eine gute Beziehung nicht aussehen. Warum kann sie nicht einfach mit mir darüber sprechen, statt grundsätzlich auf Kontra zu gehen? Ich muss nicht immer meinen Willen durchsetzen, aber wenn sie auf meine Ideen immer abweisend reagiert, habe ich das Gefühl, ständig gegen sie kämpfen zu müssen."

Ich befasse mich seit einem Jahr intensiv mit diesem Thema und habe mit vielen Männern darüber gesprochen. Ich habe sie gefragt: „Gibt es etwas, das Frauen anscheinend nicht wissen und das Sie ihnen gern sagen würden?" Oft habe ich dann als erste Reaktion ein Seufzen gehört, als wollten sie sagen: *Wenn die Frauen wüssten, was wir wirklich denken, wäre das echt gut!*

Ich habe den Eindruck, dass es bei allen Männern Dinge gibt, die ihre Frauen ihrer Meinung nach verstehen sollten. Vielleicht haben sie sogar schon versucht, sie ihnen zu erklären. Aus verschiedenen Gründen ist das aber bei den Frauen nicht angekommen. In den meisten Fällen haben Männer das Gefühl, dass ihre Frauen einfach nicht bereit sind, die Sicht des Mannes zu hören (oder sich nicht dafür interessieren). Einige Antworten der Männer auf meine Frage sprechen konkret die Beziehung in der Ehe an, andere Antworten haben eher mit der Beziehung von Paaren zu tun, die noch nicht verheiratet sind. Zu einem bestimmten Grad können diese Antworten auf Männer im Allgemeinen übertragen werden.

Ich möchte noch einmal betonen, dass wir hier von Männern mit einer stabilen Persönlichkeit sprechen, die sich in ihrem Leben richtig verhalten wollen und gern gute Beziehungen hätten, aber vielleicht nicht wissen, was sie dafür tun müssen. Es gibt auch Männer, die noch nicht reif genug sind, um Beziehungen zu Frauen zu schätzen, oder die tiefere psychische Probleme oder Verhaltensstörungen haben. In diesem Fall ist professionelle Hilfe nötig.

Meine Herren, Sie haben das Wort

Bei den Antworten auf meine Frage habe ich entdeckt, dass Männer ihren Frauen in sechs großen Bereichen etwas sagen möchten.

1. Wie Männer ihre Partnerschaft mit Frauen sehen

Männer wollen eine Partnerin und keine zweite Mutter.

Partner arbeiten zusammen an einem gemeinsamen Projekt. Ihnen geht es nicht darum, wer recht und wer unrecht hat, sondern darum, wie sie zusammen etwas erreichen können. Ein Partner erwartet nicht, dass dem anderen das Gleiche gefällt wie ihm selbst. Er nimmt den anderen so an, wie er ist, und will ihn nicht ändern.

Männer investieren sich in diesen Prozess genauso sehr wie Frauen, vielleicht sogar noch mehr. Sie setzen manches anders um, aber sie setzen sich voll dafür ein. Ihr Mann investiert in Sie mehr, als er sagen kann, und er wünscht sich, dass Ihre Beziehung immer besser wird. Aber es muss Teamarbeit sein. Männer haben dazu Folgendes gesagt:

„Wenn du an unserer Beziehung arbeiten willst, bin ich dabei, solange du nicht die Bedingungen allein festlegen willst. Das müssen wir gemeinsam machen."

„Ich stehe zu dir und verteidige dich vor anderen. Ich spreche in Gegenwart meiner Familie nicht negativ über dich, und ich will auch nicht, dass unsere Familienangehörigen das machen. Ich halte zu dir. Sei bereit, mich genauso zu verteidigen."

„Melde mich nicht für etwas an, ohne mich vorher zu fragen. Sprich zuerst mit mir und lass mich selbst entscheiden. Wenn ich zu etwas gezwungen werde, bin ich die ganze Zeit schlecht gelaunt. Aber wenn ich eine Wahl habe, tue ich es vielleicht, um dir eine Freude zu machen."

„Unser Zuhause muss ein sicherer Ort sein, auf den wir uns beide nach einem anstrengenden Tag freuen können. Es muss der Ort sein, an den wir am liebsten kommen, weil wir dort bei jemandem sind, der an uns glaubt und uns bedingungslos liebt."

2. Wie Männer ihre Beziehungen zu anderen sehen

Männer wollen, dass Sie verstehen, wie wichtig es für sie ist, zu anderen Männern Kontakt zu haben. Sie wünschen sich, dass Sie nicht auf andere Frauen eifersüchtig sind. Fast alle Männer, mit denen ich gesprochen habe, gaben an, dass sie Freundschaften zu Männern wirklich brauchen und dass die Eifersucht ihrer Frau wegen einer anderen völlig unbegründet ist.

„Wenn ich mit anderen Männern zusammen bin, tut mir das als Mann gut. Das bedeutet nicht, dass ich nicht mit dir zusammen sein möchte. Wenn ich mit anderen Männern Zeit verbringe, tanke ich auf und kann dir dann wieder mein Bestes geben.“

„Wenn wir Männer unter uns sind, stört es mich nicht, wenn du mich anrufst oder mir schreibst, weil du etwas brauchst. Aber tu das nicht, weil du mir nicht vertraust oder weil du meinst, du müsstest auf mich aufpassen. Mir geht es gut und ich komme wieder nach Hause.“

„Wenn eine andere Frau mit mir flirtet und dich das stört, dann sprich mit mir darüber. Dieses Flirten gibt mir vielleicht ein gutes Gefühl, aber ich gehöre zu dir. Wenn du eifersüchtig wirst, obwohl ich überhaupt nichts Schlimmes gemacht habe, gibst du mir das Gefühl, dass du mir nicht vertraust.“

„Du sollst wissen, dass ich dir treu bin und dich nicht betrügen will. Wahrscheinlich sollte ich es dir öfter sagen, aber ich finde dich schön, klug und attraktiv. Was andere Frauen haben, kommt an das, was du hast, nicht heran.“

„Wenn du eifersüchtig bist, habe ich das Gefühl, dass du mich nicht respektierst oder mir nicht vertraust. Nur

weil du jemanden kennst, der seine Frau betrogen hat,
heißt das noch lange nicht, dass ich das auch tun werde.
Dieses mangelnde Vertrauen zerstört nach und nach
unsere Beziehung."

3. Was Männer in Bezug auf Frauen wirklich denken und fühlen

Frauen haben auf Männer mehr Einfluss, als ihnen bewusst ist. Selbst wenn es so aussieht, als wären Männer von tausend verschiedenen Dingen abgelenkt, versuchen sie mit fast all ihrem Tun, die Aufmerksamkeit ihrer Frau zu bekommen.

„Ich will, dass du von mir beeindruckt bist. Ich wünsche mir, dass du es genießt, mich um dich zu haben. Wenn du mit mir zufrieden bist, geht es mir gut. Wenn ich etwas nicht richtig mache, dann sei großzügig. Ich bemühe mich, und ich tue es für dich."

„Ich habe tiefe Gefühle, aber ich bin dazu erzogen worden, sie nicht zu zeigen. Trotzdem sind sie da. Sie haben oft mit dir zu tun, und mich erinnern schon Kleinigkeiten an dich, wenn du nicht bei mir bist."

„Wenn du mich anlächelst, ist mein Tag perfekt. Im Ernst. Und wenn ich dir kein Lächeln entlocken kann, ist der Tag viel schwerer."

„Ich will dich wirklich glücklich machen. Wahrscheinlich musst du mir erst sagen, was dich glücklich macht, aber ich will wirklich alles dafür tun."

„Ich denke nicht immer nur an Sex. Sex ist mir wichtig, aber bei Weitem nicht so wichtig, wie es im Fernsehen dargestellt wird. Männer neigen dazu, sich immer auf eine Sache zu konzentrieren. Sex ist eine dieser Sachen,

und wir brauchen ihn oft, um zu funktionieren. Aber Sex ist nicht das Einzige."

"Suche keine versteckte Bedeutung in dem, was ich sage. So kompliziert bin ich nicht. Wenn ich dir sage, dass mir gefällt, wie du heute aussiehst, bedeutet das nicht, dass mir nicht gefallen würde, wie du an anderen Tagen aussiehst. Nimm mein Kompliment so an, wie es gemeint ist, und sag einfach Danke."

"Wir zeigen unsere Liebe mehr durch Taten als durch Worte. Achte auf die Kleinigkeiten, die ich mache, denn ich tue sie absichtlich. Mit den meisten Kleinigkeiten will ich dir das Leben ein wenig erleichtern. Das ist meine Art, dich zu lieben."

4. Was Männer über das Aussehen von Frauen denken

Auf diese Frage bekam ich sehr direkte Antworten. Frauen machen sich oft viel zu viele Gedanken um ihr Aussehen. Dabei finden Männer, dass sie immer gut aussehen.

"Du siehst viel hübscher aus, als du denkst. Das meine ich ernst."

"Nimm es an, wenn ich dir sage, dass du schön bist. Hör auf, dich abzuwerten. Ich sage einfach das, was für mich wahr ist, und du sagst, dass es falsch wäre. Das ist frustrierend."

"Wir mögen nicht viel Make-up. Wenn wir ausgehen, gefällt es mir, wenn du dich schminkst, aber ich liebe dich so, wie du zu Hause, ganz ohne Schminke, aussiehst. Ich habe mich in dein wahres Ich verliebt und nicht in dein herausgeputztes Ich."

„Wie attraktiv du bist, hat mehr mit deiner Einstellung zu tun als mit irgendetwas anderem. Einer selbstbewussten, witzigen Frau kann ein Mann nur schwer widerstehen."

„Du zerbrichst dir den Kopf wegen Falten und Narben und Cellulitis. Wenn du nackt bist, interessiert mich das alles nicht. Ich bin durch andere Dinge abgelenkt. Ich genieße dich einfach."

„Achte auf dich. Ich will, dass du dich zu Hause entspannst. Mir ist aber auch wichtig, dass du dich manchmal bemühst, für mich gut auszusehen. Das heißt nicht, dass du dich elegant kleiden und schminken sollst, denn du sollst dich wohlfühlen. Wenn du dich schön anziehst, sobald du aus dem Haus gehst, aber zu Hause immer schlampig herumläufst, liebe ich dich immer noch, allerdings habe ich das Gefühl, nur die Reste abzubekommen."

5. Wie Männer kommunizieren

Kommunikation ist der Schlüssel zu einer gelingenden Beziehung. Wenn wir nicht mit den Ohren des anderen hören und die Unterschiede zwischen Männern und Frauen nicht berücksichtigen, kann das zu großen Frustrationen führen.

„Ich kann nicht erraten, was du willst. Mach keine Andeutungen. Ich verstehe sie nicht. Sag mir einfach, was du willst. Das interessiert mich wirklich."

„Wenn ich schweige, denke ich wahrscheinlich gerade nach. Oder ich ärgere mich vielleicht, aber ich will nicht mit irgendetwas herausplatzen, das dich verletzen könnte. Oder ich denke vielleicht überhaupt nichts."

„Krame bei einem Streit nicht Sachen aus der Vergangenheit hervor. Lass sie ruhen und bleib beim aktuellen Thema."

„Wenn etwas, das ich sage, falsch herauskommt, bedeutet das nicht, dass etwas tief in mir arbeiten würde und sich Luft verschafft hätte. Es bedeutet einfach, dass ich mich falsch ausgedrückt habe."

„Es fällt mir leichter, mich dir nahe zu fühlen, wenn wir etwas gemeinsam machen, als wenn wir nur dasitzen und reden."

„Deine Worte haben auf mich eine größere Wirkung, als du ahnst. Wenn du mir in kleinen Dingen Komplimente machst, freut mich das tagelang. Sag mir, dass ich in diesem Hemd gut aussehe, und ich trage es, so oft ich kann."

„Ich kann deine Miene nicht immer deuten. Ich weiß nur, dass du verletzt bist, wenn du es mir sagst. Soll ich zum Beispiel den Tisch abräumen, dann schau mich nicht müde an und erwarte nicht, dass ich diesen Wink mit dem Zaunpfahl verstehe. Bitte mich einfach, den Tisch abzuräumen. Ich tue es gern, weil ich dir damit einen Gefallen tue. Aber von selbst komme ich einfach nicht auf diese Idee."

„Ich kann nicht deine Freundin sein. Dafür hast du andere Frauen. Ich kann dir nur geben, was ich habe."

„Lass mir Zeit, um nachzudenken, wenn wir uns unterhalten. Ich muss das, was du gesagt hast, erst verarbeiten, bevor ich dir eine Antwort geben kann."

6. Was Männer brauchen

Ich bekam von Männern durch die Bank zu hören, dass Frauen nicht wissen, was Männer brauchen. Männer brauchen nämlich etwas anderes als Frauen. Wenn Frauen also herausfinden, welche Bedürfnisse Männer haben, ist es wichtig, dass sie diese Bedürfnisse ernst nehmen.

„Wir werden gern in allen Lebensbereichen bewundert. Sag mir, wenn dir auffällt, dass ich etwas gut mache."

„Ich möchte gern von dir begehrt werden. Wenn du das nicht tust, gerät mein Selbstvertrauen ins Wanken. Du brauchst nur ein bisschen verspielt mit mir zu flirten, dann schmelze ich dahin."

„Ich liebe es, wenn du den Kopf an meine Schulter lehnst."

„Du kannst mir kein größeres Kompliment machen, als dich bei mir sicher zu fühlen. Dann ist mein Beschützerinstinkt befriedigt."

„Wir sind unsicher. Wir brauchen die Bestätigung, dass wir gut sind. Oft."

„Wenn ich das Gefühl habe, dass du hinter mir stehst und mich anfeuerst, habe ich das Gefühl, alles schaffen zu können. Wenn du mir dieses Gefühl gibst, stehe ich immer hinter dir."

„Ich brauche das Gefühl, dir helfen zu können. Wenn du mich bittest, etwas für dich zu machen, befriedigt das mein Verantwortungsgefühl."

„Ich will dein Held sein. Wenn du mich überzeugst, dass ich das bin, tue ich alles für dich."

Hören Sie auf, etwas anzunehmen, und sprechen Sie lieber darüber

Dieses Kapitel lässt sich mit einer einfachen Feststellung zusammenfassen: Männer denken anders als Frauen. Frauen werden nur erfahren, wie Männer denken, wenn sie mit ihnen darüber sprechen.

Meine Frau und ich haben im Laufe der Jahre immer mehr gelernt, dem anderen konkret zu sagen, was wir brauchen. Das ist für uns nicht selbstverständlich und wir machen es nicht perfekt, aber wir werden immer besser.

Als wir vor acht Jahren in das Haus zogen, in dem wir jetzt wohnen, standen viele Reparaturarbeiten an. Wir haben Wände herausgerissen, andere Wände gestrichen, Farbe von den Decken gekratzt und neue Fenster eingebaut. Wir waren monatelang beschäftigt und mussten dann feststellen, dass wir nicht genug Geld hatten, um alles zu erneuern.

Ein neuer Teppichboden stand auf unserer Liste, aber wir verschoben den Kauf, bis der größte Teil der anderen Arbeiten erledigt war. Wir haben die Sockelleisten in unserem Gästezimmer nicht gestrichen, weil wir dachten, dass wir das zusammen mit dem neuen Teppichboden erledigen würden. Aber das Geld wurde knapp, und wir haben immer noch den alten Teppich. Er sieht nicht mehr schön aus, aber wir wollen kein Geld ausgeben, das wir nicht haben.

Vor ein paar Wochen fiel mir wieder auf, dass die Sockelleisten immer noch nicht gestrichen sind. Dadurch sieht das ganze Zimmer unvollendet aus, aber wir hatten uns daran gewöhnt. Wir dachten gar nicht mehr daran, obwohl ich sicher bin, dass es unseren Gästen durchaus aufgefallen ist.

Letzte Woche hatte ich zwei Tage frei und beschloss, die Sockelleisten zu streichen. Es wird immer noch eine Weile dauern, bis wir den Teppichboden erneuern, aber so sieht das Zimmer wenigstens fertig aus. Ich habe die Leisten geputzt, den Teppich sauber abgeklebt und vorsichtig zwei Schichten Lack aufgetragen. Als ich fertig war, sah das Zimmer völlig verändert aus.

Früher hätte ich darauf gewartet, dass Diane das auffällt und sie etwas sagt. Manchmal fiel ihr so etwas erst Tage später auf, und ich war verletzt, weil ich dachte, sie würde meine Mühe nicht schätzen. Inzwischen habe ich mir eine direktere Art angewöhnt.

Als sie von der Arbeit nach Hause kam, meinte ich: „Sag mir, wenn du ein paar Minuten Zeit hast, um ins Gästezimmer zu gehen und mit einem lauten *Oh!* und *Ah!* die Sockelleisten zu bewundern, die ich gestrichen habe."

Sie sagte: „Okay, gib mir drei Minuten."

Drei Minuten später nahm sie meine Hand und ging mit mir ins Gästezimmer. Sie schaute sich langsam um und sagte lächelnd: „Ooh!" Ein paar Sekunden später sagte sie: „Aah!" Dann schob sie ein echtes Kompliment nach: „Das Zimmer sieht jetzt völlig anders aus. Viel schöner und wohnlicher als vorher. Das hast du wirklich großartig hingekriegt. Danke."

Es war direkt. Es war witzig. Und es gab mir das Gefühl, respektiert zu werden. Dieses Gefühl hielt mehrere Tage an. Warum? Weil ich ihr genau gesagt habe, was ich brauche.

Und das Beste bei der Sache? Seitdem bin ich ihr „Sockelleistenheld".

Das tut so gut. Ihrem Mann tut so etwas auch gut.

TEIL 2
WIE ER DENKT

Als meine Frau und ich das erste Mal nach Hawaii flogen, waren wir von der Schönheit dieser Insel fasziniert. Es war eine dieser besonderen Wochen, in denen wir alles liebten – das Leben, einander und die Umgebung. Die intensiven Farben der Insel berührten unsere Gefühle.

Bei unserer Rückkehr fühlten wir uns, wie wenn Weihnachten vorbei ist, man die Weihnachtsdekoration abnimmt und der normale Alltag zurückkehrt. Es war eine so wunderbare Erfahrung, dass wir sie festhalten wollten. Deshalb überlegten wir, unseren Garten mit tropischen Pflanzen zu gestalten, damit wir dieses Erlebnis jederzeit nachempfinden könnten. Wenn uns alles zu viel werden würde, könnten wir mit wenigen Schritten ins Paradies fliehen.

Wir haben diesen Plan nie in die Tat umgesetzt, aber wir haben einen Tempelbaum mitgebracht. Dieser Baum bringt die einzigartigen, duftenden Blumen hervor, aus denen die traditionellen hawaiianischen Blütenketten gemacht werden. Der Baum war einen halben Meter groß und sah wie ein toter Zweig aus. Wenn man ihn in die Erde setzte, würde er wachsen, hatte man uns gesagt.

Er wuchs auch. Irgendwie.

In den darauffolgenden Jahren wurde er ein wenig größer, bildete einige Zweige und brachte jedes Jahr sechs bis sieben Blüten hervor. Wenn wir ganz nah herangingen, konnten wir sie riechen, aber sie erfüllten nicht den ganzen Garten mit ihrem Duft. In unserem Klima hat sich der Baum nie richtig entwickelt – zumindest nicht so wie auf Hawaii.

Später begriffen wir, dass wir ihn genauso behandelt hatten wie unsere anderen Pflanzen und davon ausgegangen waren, dass er sich gut entwickeln würde. Hätten wir uns aber über seine typischen Eigenschaften und Bedürfnisse informiert, dann hätten wir anderes erwarten dürfen. Mit der richtigen Pflege hätte der Baum ein herrlicher Teil unseres Gartens werden können.

Mit Männern verhält es sich genauso. Sie denken anders als Frauen. Wenn eine Frau davon ausgeht, dass ihr Mann die gleichen Denkprozesse hat wie sie, wird sie von dem, was aus dem Kopf des Mannes herauskommt, immer enttäuscht sein. Soll er sein volles Potenzial entfalten, dann muss sie wissen, was in seinem Kopf abläuft. Mit diesem Wissen kann sie Entscheidungen treffen, die ihm – und ihrer Beziehung – helfen, sich voll zu entfalten.

GRAUE SUBSTANZ

In den Anfangstagen der Westernfilme war es leicht, die Guten von den Bösen zu unterscheiden. Die Guten hatten weiße Hüte auf und die Bösen schwarze.

Im Laufe der Zeit wollte man die Spannung erhöhen. Deshalb wurden die Hüte hin und wieder anders verteilt. Der Zuschauer dachte, er wüsste aufgrund der Hutfarben, wer die Bösen und wer die Guten sind. Aber plötzlich stellte sich der Kerl mit dem weißen Hut als der Böse heraus. Und der mit dem schwarzen Hut brachte den Bösen hinter Gitter.

Heutzutage sind die Handlungen in den Filmen viel raffinierter und es sind unerwartete Wendungen eingebaut. Wir beobachten die Personen von Anfang an und stellen Vermutungen aufgrund ihres Aussehens oder ihrer Taten an. Der eine sieht entspannt und ehrlich aus, kleidet sich leger und wirkt wie jemand, mit dem man sich gern zu einer Tasse Kaffee verabreden würde. Ein anderer lächelt nie, schaut andere mit zusammengekniffenen Augen von der Seite an und strahlt etwas Verlogenes aus. Diesem Typen möchte man nicht in einer dunklen Gasse begegnen.

Aber im Laufe des Films stellt sich die freundliche Person als Betrüger heraus, der einen hinterhältigen Plan verfolgt. Der Verdächtige ist hingegen der Held, der den anderen vor Gericht bringen will.

Es liegt in der Natur des Menschen, andere aufgrund ihres äußeren Erscheinungsbildes zu beurteilen. Wenn wir einem Menschen begegnen, bilden wir uns innerhalb weniger Minuten eine Meinung von ihm und sind dann überrascht, wenn er unsere Erwartungen nicht erfüllt. Ist der Gute am Ende doch der Böse, dann sind wir enttäuscht, weil wir ihn nicht richtig eingeschätzt haben.

Ich habe einmal bei einem Vortrag gehört, dass wir uns in den ersten vier Minuten eines Gesprächs ein Bild von unserem Gegenüber machen. Haben wir den anderen als Guten oder als Bösen eingestuft, bleiben wir normalerweise bei unserer Meinung. Bei einem positiven Eindruck von jemandem drücken wir selbst dann, wenn er etwas wirklich Zweifelhaftes tut, ein Auge zu. *Er ist so ein guter Mensch,* denken wir. *Das muss eine Ausnahme gewesen sein.* Erst wenn sich solche Vorfälle mehrmals wiederholen, geben wir zu, dass wir uns geirrt haben. Entscheiden wir uns nach vier Minuten für ein negatives Bild von jemandem und dieser Mensch tut dann etwas Gutes, denken wir: *Das war nur ein Trick. Er ist ein schlechter Mensch, das kann nicht ehrlich gemeint gewesen sein.* Es sind mehrere „gute" Taten nötig, bevor wir überzeugt sind, dass wir den anderen doch falsch eingeschätzt haben.

Ich denke, diese Grundbeobachtungen sind richtig. Bei diesem Vortrag wurde den Zuhörern allerdings auch erklärt, wie sie anderen Menschen vier Minuten etwas vorspielen können. Der Referent sagte: „Wenn Sie vier Minuten einen sympathischen Menschen spielen können, kriegen Sie jeden auf Ihre Seite." Von solchen Tricks war ich nicht sonderlich angetan, aber den Kern seiner Aussage kann ich nur unterstreichen: Wir bilden uns ziemlich schnell eine Meinung von anderen Menschen, egal, ob das nun richtig oder falsch ist.

Das Persönlichkeitsprofil von Männern

Wäre es nicht herrlich, wenn die guten Männer immer einen weißen Hut aufhätten und die bösen immer einen schwarzen? Aber wir leben nicht in einem Western. Unser Leben hat mehr Ähnlichkeit mit dem moderner Filme. Frauen versuchen, aus Männern schlau zu werden, doch ihre Erwartungen werden enttäuscht.

Stellen Sie sich vor, Sie begegnen Ihrem Traummann. Er ist sensibel, er will mit Ihnen zusammen sein, er hört Ihnen zu, er ruft Sie an, und er übernimmt die Initiative in Ihrer Beziehung. Er ist ganz anders als die Klischees, die Sie immer über Männer gehört haben. Wahrscheinlich ist er nicht vollkommen, aber es fehlt nicht viel.

Er hat einen weißen Hut auf.

Einige Zeit später erleben Sie eine unangenehme Situation mit einem Kollegen. Sie können es nicht erwarten, Ihrem Mann alles zu erzählen, weil er immer so gut zuhört. Aber dieses Mal ist es ein wenig anders. Er wirkt abgelenkt. Noch bevor Sie ihm alles zu Ende erzählt haben, sagt er: „Also, das Problem sieht folgendermaßen aus … und du solltest so und so vorgehen."

Hm. Das passt nicht zu dem Bild, das Sie sich von ihm gemacht haben. Dabei hat er doch einen weißen Hut auf. Sie sehen also großzügig darüber hinweg. *Er ist einfach müde,* sagen Sie sich. *Er hatte ein paar anstrengende Tage.*

Doch so etwas kommt immer öfter vor. Er hört Ihnen nicht mehr so aufmerksam zu wie früher. Seine Gedanken kreisen anscheinend immer mehr um seine Arbeit und immer weniger um Sie. Er versucht nicht mehr so intensiv, Sie zu erobern. Wenn er fernsieht, bekommen Sie höchstens ein paar Sekunden seiner Aufmerksamkeit. Er merkt nicht mehr, in welcher Stimmung Sie gerade sind. Wenn Sie sich ärgern, scheint er das überhaupt nicht zu merken und ist womöglich sogar überrascht, wenn Sie es ihm sagen.

Nach und nach entdecken Sie auf dem weißen Hut ein paar Flecken, die Sie vorher übersehen hatten. Und Sie fragen sich, ob die Klischees, die Sie über Männer gehört haben, vielleicht doch stimmen. Möglicherweise haben Sie sich geirrt, als Sie dachten, er wäre anders. Vielleicht ist er doch nicht der Mann Ihrer Träume.

Hier geschieht das, was wir alle machen: Sie haben sich aufgrund Ihres ersten Eindrucks ein Bild von einem Menschen gemacht. Das liegt in der Natur des Menschen. Wenn es ein positives Bild ist, fühlen wir uns sicher. Ist es jedoch negativ, ziehen wir unsere Schutzmauer um uns herum hoch. Das ist ganz natürlich, das machen wir alle.

Das Problem entsteht dann, wenn wir einen Menschen durch unsere Brille sehen und davon ausgehen, dass er dieselbe Brille aufhat.

Stellen wir uns folgende Situation vor: Eine Frau kommt zu einem Mann ins Wohnzimmer, wo gerade ein Fußballspiel läuft. (Ich weiß, das ist ein Klischee, aber das heißt ja nicht, dass es solche Situationen nicht hin und wieder doch gibt.) Sie sagt etwas zu ihm und er brummt: „Mhm." Nach dem Spiel kann er sich nicht einmal erinnern, dass sie etwas zu ihm gesagt hat. Sie denkt, wenn sie ein Fußballspiel anschauen und jemand etwas zu ihr sagen würde, würde sie das Geschehen im Fernseher ausblenden, sich auf das Gespräch konzentrieren und sich danach wieder dem Fußballspiel zuwenden. Das ist in ihren Augen logisch und höflich. Das ist die Brille der Frau für eine solche Situation. So denkt sie, und deshalb erscheint ihr ein solches Verhalten völlig logisch und selbstverständlich.

Wenn sich ein Mann nicht genauso wie die Frau verhält, sagt ihr der Blick durch ihre Brille, dass er grob und unsensibel ist. *Warum ist dieses Spiel so wichtig, dass er mich ignoriert? Ist ihm der Fußball wichtiger als ich?*

In Wirklichkeit hat er wahrscheinlich absolut nicht das Gefühl, dass er sie ignorieren würde. Sie bedeutet ihm viel mehr als jede Sportsendung. Aber er hat eine andere Denkweise. Er denkt wie ein Mann und nicht wie eine Frau. Er denkt: *Meine Mannschaft spielt heute richtig gut. Wenn sie weiterhin so auf Angriff spielen, fällt bald das erste Tor. Bei einem Sieg stehen sie im Halbfinale. Ich weiß, dass meine Frau etwas von mir will. Sobald das Spiel vorbei ist, schenke ich ihr meine ganze Aufmerksamkeit. Aber jetzt ist das Spiel richtig spannend!* Das Gehirn von Männern tickt anders als das von Frauen. Eine Frau kann sich auf mehrere Dinge gleichzeitig konzentrieren, während ein Mann seine ganze Aufmerksamkeit der Sache widmet, die er gerade macht.

Das ist das Problem von Persönlichkeitsprofilen. Man sieht den anderen durch die eigene Brille und beurteilt ihn danach, statt ihn durch *seine* Brille zu sehen. Wenn wir einen anderen Menschen besser verstehen wollen, müssen wir uns bewusst machen, dass er vielleicht eine ganz andere Brille trägt als wir. Das heißt nicht, dass diese Brille falsch wäre; sie ist einfach anders.

Wie das Gehirn eines Mannes funktioniert

Was läuft also im Kopf eines Mannes ab? Was sieht er durch seine Brille?

Zwischen dem Gehirn von Männern und dem Gehirn von Frauen bestehen biologische Unterschiede. Wenn uns das bewusst ist, können wir auch verstehen, warum wir unterschiedlich reagieren. Ohne zu tief auf wissenschaftliche oder medizinische Erklärungen eingehen zu wollen, möchte ich Sie zu einer kleinen Exkursion durch den Kopf eines Mannes einladen.

Vielleicht wurde Ihnen schon einmal gesagt, dass das Gehirn von Männern größer sei als das von Frauen. Wahrscheinlich hat Ihnen das ein Mann erzählt. Er wollte Ihnen klarmachen, dass sein

Hirn größer sei als Ihres, und damit wahrscheinlich unterstreichen, dass er deshalb auch klüger sei als Sie. Vermutlich waren Sie davon nicht ganz überzeugt, und das ist auch gut so.

Die meisten Untersuchungen ergaben, dass insgesamt betrachtet die Gehirne von Männern tatsächlich größer sind als die von Frauen. Aber die Körper von Männern sind insgesamt auch ein wenig größer als die von Frauen. Es ist also unfair, mit der Hirngröße begründen zu wollen, dass ein Mann grundsätzlich klüger wäre.

Etwas anderes ist viel interessanter: Bestimmte Teile im männlichen Gehirn sind normalerweise größer als im weiblichen Gehirn, während andere Teile im weiblichen Gehirn größer sind. Diese jeweils größeren Bereiche des Gehirns beeinflussen normalerweise die Entscheidungen, die Einstellung und das Verhalten sowohl von Männern als auch von Frauen.

Wahrscheinlich haben Sie schon die Bezeichnung „graue Substanz" für das Gehirn gehört. Der Grund dafür ist ganz einfach: Das menschliche Hirn sieht grau aus. Wenn jemand logisch denken kann, sagt man schon mal: „Seine grauen Zellen funktionieren ganz gut."

Männer haben mehr graue Substanz als Frauen. Genauer gesagt, sie haben ungefähr sechsmal so viel graue Substanz. Sie besteht aus Nervenzellkörpern und ist die Verarbeitungszentrale des Gehirns. Männer denken mit dieser grauen Substanz. Wenn Sie Ihren Mann beeindrucken wollen, dann sagen Sie ihm, dass er sechsmal mehr graue Substanz hat als Sie. Wie er reagieren wird, können Sie sich wahrscheinlich denken.[1]

Aber das ist noch nicht alles. Sie müssen ihm noch mehr sagen.

Das Gehirn hat auch eine sogenannte „weiße Substanz". Sie besteht aus den Verbindungen zwischen den Nervenzellkörpern, die die Signale zwischen den grauen Zellen hin und her senden.

Frauen haben ungefähr *zehnmal* mehr weiße Substanz als Männer. Das bedeutet, dass die Gehirne von Frauen viel komplizierter aufgebaut sind und dass Frauen dieses Netzwerk nutzen, um schneller zu denken als Männer. Aufgrund der weißen Substanz stellen sie leichter Verbindungen zwischen den verschiedenen Gehirnteilen her.[2]

Was bedeutet das?

Männer und Frauen können dasselbe Problem lösen oder dieselbe Aufgabe bearbeiten, aber sie verwenden dafür völlig unterschiedliche Teile ihres Gehirns.

Wir hören das Lachen eines Kindes, sehen einen majestätischen Sonnenuntergang oder riechen den Regen in der Wüste. Diese Signale werden an einen Teil des Gehirns gesendet, der *limbisches System* genannt wird. Hier entstehen Gefühle, die von einer Steuerzentrale verarbeitet werden, der sogenannten *Amygdala*. (Sie brauchen sich das nicht zu merken. Wenn Sie eine Frau sind, merken Sie es sich wahrscheinlich. Wenn Sie ein Mann sind, haben Sie es schon vergessen.)

Diese Unterschiede im Gehirn bedeuten, dass Frauen und Männer mit diesen Signalen und Gefühlen anders umgehen.

Im Allgemeinen sind Gefühle für Männer weniger ein Vergnügen und können sogar ein wenig verwirrend sein. Männer sind sich nicht ganz sicher, was sie damit anfangen sollen. Deshalb schauen sie sich lieber Filme mit mehr Action als mit zu vielen Gefühlen an. Es ist für sie leichter und natürlicher, ihre graue Substanz einzusetzen, damit sie ein Problem lösen können, und bei Actionfilmen können sie genau das machen.

Frauen bevorzugen oft Dramen und Filme, in denen es um Beziehungen geht. Zu den größeren weiblichen Gehirnteilen gehört der sogenannte *Hippocampus*. Seine Aufgabe ist es, sich

Details eines Ereignisses zu merken, bei dem Gefühle im Spiel waren. Aus diesem Grund erinnert sich eine Frau vielleicht an die konkreten Details eines wichtigen Ereignisses, das fünf Jahre zurückliegt, einschließlich des Gesprächsthemas, der Dekoration, der Kleidung und der Gefühle, die sie dabei empfunden hat.

Ein Mann kann von Glück sagen, wenn er sich überhaupt noch an das Ereignis erinnert. Das heißt nicht, dass er vergesslich wäre. Das bedeutet nur, dass sein Gehirn anders arbeitet.[3]

Das ist einer der entscheidenden biologischen Unterschiede zwischen Männern und Frauen. Männer denken häufig mit nur einem Teil ihres Gehirns. Dadurch können sie sich voll und ganz auf eine Sache konzentrieren, was normalerweise bedeutet, dass sie alles andere ausblenden.

Wenn ein Mann fernsieht, blendet sein Verstand alles andere um ihn herum aus. Eine Untersuchung hat sogar ergeben, dass der Gehirnscan eines Mannes, der fernsieht, genauso aussieht, wie wenn er für längere Zeit in ein Lagerfeuer starrt. Es passiert nicht viel.

Das weibliche Gehirn zeichnet sich durch Verbindungen aus. Das, woran eine Frau gerade denkt, ist mit allem anderen in ihrem Gehirn verbunden. Frauen legen nicht viele geistige Pausen ein, und ihr Gehirn ist auch dann noch aktiv, wenn sie schlafen. Deshalb können sie im Schlaf ein Baby weinen hören, während die meisten Männer einfach weiterschlafen, ohne irgendetwas wahrzunehmen.

Im entspannten Zustand ist der Teil des weiblichen Gehirns aktiv, der für Gefühle zuständig ist. Das Gehirn eines Mannes im Ruhemodus ist weniger in diesen emotionalen Bereichen aktiv und mehr in den Bereichen, in denen es heißt: „Kämpfen oder fliehen." Wenn er eine Gefahr spürt, neigt ein Mann dazu, zuerst zu *handeln,* dann zu *denken* und erst dann zu *fühlen.* Frauen hingegen *fühlen* zuerst, dann *denken* sie und erst dann *entscheiden* sie, wie sie handeln sollten.

Wie schon gesagt, entspricht nicht jeder Mensch diesem Muster. Jeder Mensch ist einzigartig und bringt seine einzigartigen Eigenschaften in eine Beziehung ein. Bei Ihnen oder Ihrem Mann kann es genau andersherum sein. Aber im Allgemeinen tendieren Männer eher in die eine Richtung und Frauen in die andere.

Spielt die Erziehung eine Rolle?

Es wird vermutet, dass sich diese Eigenschaften durch die Erziehung und das soziale Umfeld eines Menschen entwickeln. Ein Junge wird von den Eltern vermutlich härter angepackt als ein Mädchen. Jungen wird vielleicht gesagt, dass bestimmte Gefühle unmännlich wären, und deshalb lernen sie, ihre Gefühle zu verstecken. Vielleicht erhalten sie auch andere Chancen als Mädchen.

Die Kindheit hat auf jeden Fall einen Einfluss auf jeden Menschen. Wir hatten kein Mitspracherecht, wo wir geboren wurden, wer unsere Eltern waren, wie unser soziales Umfeld aussah oder ob wir gut versorgt und geliebt wurden. Wir bekamen einige Hilfsmittel an die Hand, mit denen wir im Leben zurechtkommen müssen, und konnten uns nicht aussuchen, welche wir bekamen und welche nicht. Unsere Kindheit hat deshalb selbstverständlich einen Einfluss darauf, wie wir uns als Erwachsene verhalten.

Aber wir dürfen auch die biologischen Unterschiede nicht übersehen, besonders die Hirnfunktion. Es ist sinnlos, über die Beziehungsfähigkeit von Männern und Frauen zu streiten, als wäre einer von ihnen einfach eigensinnig. In den meisten Fällen besteht das Problem darin, dass Männer schlichtweg so agieren, wie ihr Gehirn getaktet ist.

Betrachten wir zum Beispiel das Testosteron. Von diesem Hormon haben Männer normalerweise ziemlich viel, während Frauen nur sehr wenig haben. Männer haben im Allgemeinen sechsmal mehr Testosteron als Frauen. Ein männliches Baby bekommt im Mutterleib ungefähr in der achten Woche ein „Testosteronbad". Zu diesem Zeitpunkt entwickeln sich nach und nach die männlichen Merkmale, sowohl die körperlichen als auch die geistigen.

Wenn Jungen ungefähr sechs sind, ist das Testosteron der Grund für die Hackordnung mit ihren Freunden. Bei Gesprächen von sechsjährigen Jungen könnten Sie mitbekommen, wie sie sich selbst aufplustern und andere niedermachen. Normalerweise entwickeln Jungen Aggressivität und Konkurrenzdenken. Ein hoher Testosteronspiegel ist hilfreich, wenn man einen Einzelsport treibt und in Wettkampfsituationen steht, während ein niedrigerer Testosterongehalt in Teamsituationen hilfreicher ist.

Meine Tochter Sara war erstaunt, wie sehr sich ihr fünfjähriger Sohn Marco von seinen zwei älteren Schwestern unterscheidet. „Er ist durch und durch ein Junge", sagt sie, „und das seit seiner Geburt. Die Mädchen haben einfach anders gespielt. Er ist rauer, körperbetonter, kämpferischer, lauter und will immer gewinnen. Er interessiert sich einfach für andere Dinge als die Mädchen."

Das liegt nicht an seinem sozialen Umfeld, sondern er ist seit seiner Geburt so. Das ist eine Auswirkung seines Testosterons.

Die Chemie im Gehirn verändert sich, wenn Männer älter werden. Männer denken in jungen Jahren mehr in Konkurrenz. Erst wenn sie reifer werden, sind sie kooperativer. Auf ihrem Lebensweg verlagern sich die Prioritäten von Männern oft in Richtung Beziehungen und Gemeinschaft.

Mir ist aufgefallen, dass sich meine Interessen mit dem Alter verändert haben. Früher habe ich versucht, mich zu beweisen und beruflich Erfolg zu haben. Ich hatte Freunde, aber sie standen auf meiner Prioritätenliste nicht weit oben. Heutzutage sind mir meine Freunde wichtiger als früher. Ich will immer noch Erfolg haben und etwas Positives bewirken. Aber ich muss nicht reich und berühmt sein; mich interessiert mehr, echte Beziehungen zu Menschen zu haben, die mir wichtig sind, besonders zu meiner Frau, meinen Kindern und meinen Enkeln.

Ich kenne auch Männer, die in jüngeren Jahren knallhart waren, aber im Laufe der Jahre weicher und mitfühlender wurden. Sie sind immer noch Männer; sie haben nur andere Prioritäten und drücken ihre Männlichkeit auf andere Art aus.

Die Unterschiede positiv nutzen

Möchte eine Frau die Dinge an ihrem Mann ändern, die sie wahnsinnig machen, sind Enttäuschungen vorprogrammiert. Robert Heinlein hat es treffend formuliert: „Versuch nicht, ein Schwein zum Singen bewegen zu wollen. Das ist reine Zeitvergeudung und macht das Schwein nur aggressiv."[4]

Einiges machen Männer so, wie sie es machen, weil sie Männer sind, und einiges machen sie so, weil sie das so wollen. Wenn Sie als Frau nicht verrückt werden wollen, sollten Sie lernen, den Unterschied zu erkennen.

Gehen Sie dabei in drei Schritten vor:

1. Beschreiben Sie, was er konkret macht, das Sie frustriert.
2. Fragen Sie sich, ob das einfach daran liegt, dass er ein Mann ist (z. B. wie er Informationen verarbeitet). Wenn das der Fall ist, sollten Sie nicht versuchen, ihn zu ändern. Lernen Sie, es zu akzeptieren, und überlegen Sie, wie Sie daraus Kapital schlagen können.
3. Wenn das nicht der Fall ist, sollten Sie sich fragen, ob es etwas ist, das er einfach als Gewohnheit oder Verhaltensmuster entwickelt hat (z. B. Konflikten aus dem Weg zu gehen). Dann muss es nicht für immer so bleiben. Es wird

sich allerdings nichts ändern, wenn Sie es nur als Problem beschreiben. Veränderung entsteht durch Einfluss und Vertrauen. Wenn ein Mann das Gefühl hat, dass er sich in einer sicheren Beziehung befindet, die ihm etwas bedeutet, ist er eher bereit, etwas an seinem Verhalten zu ändern, das für Sie eine Herausforderung darstellt.

So funktioniert das männliche Gehirn nun einmal. Und es kann in seiner typischen Funktionsweise Ihrer Beziehung auch sehr guttun. Das Interesse Ihres Mannes an Sport und Actionfilmen bedeutet nicht, dass er sich für Sie oder für Romantik nicht interessieren würde. In den meisten Actionfilmen kommt eine Liebesgeschichte vor.

Gestern war Ostersonntag. Unser Pastor leitete seine Predigt mit den Worten ein: „Heute beschäftigen wir uns mit Liebesgeschichten. Erzählen Sie Ihrem Sitznachbarn, welcher Liebesfilm Ihnen am besten gefällt."

Ich weiß, dass ich als Mann Actionfilme und fesselnde Dramen lieben sollte. Ich suchte nach einem Film, der das mit einer Liebesgeschichte kombiniert, und überlegte, dass es ein Film wie *Braveheart* oder *Casablanca* sein müsste oder ein Film mit einem mutigen Mann, der sich als Held seiner Frau erweist. Aber ich musste ehrlich sein, weil meine Frau die richtige Antwort sowieso kannte: Ich war schon immer ein Fan von *Schlaflos in Seattle*. Vielleicht nicht vom ganzen Film, aber vom Anfang (wo Tom Hanks seine Liebe zu seiner verstorbenen Frau beschreibt und sich liebevoll um seinen Sohn kümmert) und vom Ende (wo er Meg Ryan auf dem Empire State Building trifft).

Zum Glück sagte der Pastor: „Männer, wenn ihr jetzt *Titanic* gesagt habt, seid ihr immer noch Männer!"

Gestern hatte außerdem mein Sohn Geburtstag, und wir schauten uns am Abend *Fast and Furious 7* an. Männlicher geht es wohl kaum. Aber wissen Sie was? Im Mittelpunkt dieses Films steht ein Mann, der der Held seiner Frau sein will.

Obwohl Männern Action- und Abenteuerfilme mehr gefallen, bevorzugen sie dabei interessanterweise Filme, in denen ein rauer Macho durch die Liebe seines Lebens seine harte Schale verliert. Das ist ein wiederkehrendes Thema in Filmen, und es ist ein wichtiges Thema für die meisten Männer: *Wir wollen der Held unserer Frau sein.*

Dieser Wunsch ist tief in uns verwurzelt. Das Gehirn eines Mannes ist so gepolt.

Wollen Sie Männer verstehen, sollten Sie hier ansetzen: Sie sollten wissen, was im Gehirn eines Mannes geschieht und warum.

MÄNNER SIND NUR GROSSE JUNGS

„Mama, guck mal! Papa, guck mal!"

Die Eltern von kleinen Kindern hören diese Aufforderung hundertmal am Tag. Sobald Kinder etwas Neues lernen, und sei es noch so unbedeutend, wollen sie, dass ihre Eltern es sehen und darauf reagieren. Sie schlagen einen Purzelbaum. „Mama, guck mal!" Sie bringen zum ersten Mal Seifenblasen zustande. „Papa, guck mal!" Sie schaukeln höher als gestern. „Mama, Papa, guckt mal!"

Aber es reicht ihnen noch nicht, dass die Eltern zuschauen. Sie sollen mitmachen. „Schubs mich an!", sagen sie, wenn sie auf der Schaukel sitzen. „Komm mit!", rufen sie, wenn sie etwas erkunden wollen. „Lies mir vor! Setz dich zu mir! Kann ich mitkommen?" Sie lernen das Leben kennen und wollen jeden Moment mit ihren Eltern teilen. Sie wünschen sich, dass ihre Eltern für sie da sind und bei ihnen sind. Ihre Eltern sollen ihre Erfolge feiern, sie anfeuern, ihnen bei ihren Fortschritten Mut zusprechen und sich mit ihnen freuen.

Sie wollen gesehen werden. Sie wollen geliebt werden. Sie wollen respektiert werden.

Meine Kinder sind längst erwachsen, aber daran hat sich nichts geändert. Obwohl ihre Bedürfnisse anders aussehen und sie viel subtiler vorgehen, sehnen sie sich immer noch nach Anerkennung und Lob.

Ihnen ist wichtig, dass sie uns wichtig sind.

Und wissen Sie was? Bei Ihrem Mann ist das nicht anders! Er will gesehen werden. Er will geliebt werden. Er will respektiert werden. Von Ihnen. Er mag von vielen anderen auf der Arbeit und im Leben Lob bekommen, aber das alles zählt nicht so sehr wie das, was er von Ihnen bekommt.

Wir werden mit Bedürfnissen geboren

Jeder kommt mit dem Bedürfnis zur Welt, einem anderen Menschen wichtig zu sein und von ihm geschätzt zu werden. Wenn Kinder in einer gesunden, liebevollen Umgebung aufwachsen, hören sie die Botschaft: „Ich bin froh, dass es dich gibt. Du bist wertvoll, einfach weil du du bist." Wachsen sie allerdings in einer instabilen Umgebung auf, hören sie Botschaften wie: „Du zählst nicht."

Bei kleinen Jungen ist dieses Bedürfnis stark ausgeprägt. Der Wunsch, dass es gestillt wird, verschwindet selbst dann nicht, wenn sie enttäuscht werden. Sie suchen einfach andere Wege, um dieses Bedürfnis zu befriedigen. Manchmal sind diese Wege zerstörerisch, aber wenn sie damit Erfolg haben, behalten sie sie bei. Sie kennen keine andere Möglichkeit, und diese Wege halten sie für besser, als mit ungestillten Bedürfnissen zu leben.

Es ist wie bei der Frau, die in einer Beziehung bleibt, obwohl sie misshandelt wird. Alle in ihrem Umfeld sehen, dass die Beziehung gefährlich und schädlich ist und das Selbstwertgefühl der Frau zerstört. „Du musst diese Beziehung beenden", sagen ihre Freunde. Aber sie hat Angst, dass sie keinen anderen Partner findet, der sie will, wenn sie diesen Mann verlässt. Deshalb bleibt sie in dieser schlimmen Situation, weil sie sich vor Veränderung fürchtet (oder weil sie befürchtet, dass eine Alternative auch nicht besser wäre).

Ein Mann findet seinen Wert in guten frühen Erfahrungen und fühlt sich abgewertet, wenn er schlechte Erfahrungen macht. In beiden Fällen macht das seine Realität aus. Sie hat sich sehr früh in seinem Leben gebildet und er kennt nichts anderes. Das Bedürfnis, Wertschätzung zu finden, ist in ihm tief verwurzelt.

Peter war ein solcher Junge. Sein Vater hatte keine richtige Beziehung zu ihm. Ihre Beziehung konzentrierte sich auf den Sport. Sein Vater trainierte die Mannschaften, in denen er während seiner Schulzeit spielte. Sie lernten Statistiken von den Spielern ihrer Lieblingsmannschaften auswendig und gingen gemeinsam ins Stadion. Zu Hause kreisten ihre Gespräche um die Statistiken des Tages, und im Fernsehen lief immer der Sportsender.

Als Erwachsener wollte Peter eine engere Beziehung zu seinem Vater. Aber sein Vater wusste nicht, wie das gehen sollte. Sie konnten sich stundenlang über Sport unterhalten, doch Peter sehnte sich danach, dass ihn sein Vater nach seiner Familie, seinem Leben und seinen anderen Interessen fragte. Er wünschte sich, dass sich sein Vater für ihn als Mensch interessierte. Er versuchte, auf seinen Vater zuzugehen, er kaufte ihm Geschenke oder begleitete ihn ins Stadion. Er wollte von seinem Vater hören, dass er stolz auf ihn sei. Peter konnte machen, was er wollte, aber es änderte sich nichts.

Peter ist kein Einzelfall. Erwachsene Männer haben die gleichen Grundbedürfnisse wie kleine Jungen. Wenn diese Bedürfnisse in der Kindheit nicht von den Eltern gestillt wurden, wünschen sie sich, dass sie später in ihrem Leben gestillt werden. Oft sterben Eltern, ohne dass ihr Sohn die Bestätigung bekommt, die er sucht, und das wirkt sich für den Rest seines Lebens auf seine Entscheidungen aus.

Betrachten Sie das Kind

Das Gehirn von Männern verändert sich nicht sehr. Beobachten Sie, was im Kopf eines Jungen vor sich geht, und Sie bekommen eine ziemlich gute Vorstellung davon, was darin geschieht, wenn er erwachsen wird. Als Mann wird er subtiler vorgehen, aber seine Grundbedürfnisse sind immer noch dieselben.

Ich habe einmal gehört, dass man aus der Persönlichkeit eines Sechsjährigen relativ gut schließen könne, wie er als Erwachsener sein wird. (Wenn Sie einen sechsjährigen Sohn haben, bekommen Sie jetzt wahrscheinlich Angst.) Mit sechs Jahren haben Kinder herausgefunden, wie andere sie sehen, sie haben entschieden, wie viel sie wert sind, und sie haben grundlegende Methoden entwickelt, sich durchs Leben zu schlagen. Sie haben entschieden, ob sie anderen vertrauen können oder nicht, sie spüren, ob sie Anstand besitzen, und sie beobachten, wie Erwachsene im Leben zurechtkommen. Sie haben sich ein Bild von ihrer Realität gemacht und Entscheidungen getroffen, wie sie sich verhalten wollen.

Wenn diese These stimmt, müsste es wahrscheinlich auch andersherum funktionieren: Beobachten Sie einen erwachsenen Mann – das, was ihn antreibt, sein Temperament, die Art, wie er mit anderen Menschen umgeht, und das Vertrauen, das er in Beziehungen hat –, und Sie bekommen wahrscheinlich eine gute Vorstellung davon, wie er im Alter von sechs war. Mit älteren Erwachsenen, die ihn als Kind kannten, ergäbe das bestimmt ein interessantes Gesprächsthema. Denn es könnte gut sein, dass Sie diesen Jungen in Ihrem Mann wiederentdecken.

Meine drei Enkel sind fünf, acht und elf Jahre alt. Es ist faszinierend, sie zu beobachten und mitzuerleben, wie sie sich entwickeln und heranwachsen. Ich weiß nicht, wie sie später einmal sein werden, aber ich ertappe mich manchmal dabei, dass ich sie mir mit ihrem jetzigen Temperament als Erwachsene vorstelle. Wenn sie älter sind, werde ich vermutlich immer noch einige Eigenschaften aus ihrer Kindheit an ihnen entdecken.

In gewissem Sinn sind Männer einfach große Jungs. Das heißt nicht, dass es keine Hoffnung auf Veränderung gäbe. Jeder kann sich ändern, wenn er die nötige eigene Motivation und die Unterstützung von anderen hat. Aber das ist schwer, und es gibt keine Garantie, dass die angestrebte Veränderung gelingt. Es ist schwer, in unserem eigenen Leben etwas zu ändern. Genauso schwer fällt es anderen, bei sich etwas zu ändern.

Wenn Sie den Mann in Ihrem Leben besser verstehen wollen, ist es hilfreich, den kleinen Jungen in ihm zu sehen. Seine Grundbedürfnisse sind nach wie vor da, und sie wollen immer noch befriedigt werden. Sollten Sie ein Verhalten oder eine Einstellung beobachten, die Ihnen unvernünftig erscheint oder die Sie nur schwer verstehen können, dann kann das ein Symptom für ein nicht befriedigtes Bedürfnis sein.

Warum sich Männer nicht ändern

Die Eltern meiner Frau wohnen in Bakersfield, Kalifornien, und besitzen ungefähr anderthalb Stunden entfernt eine Blockhütte in den Bergen. Um dorthin zu gelangen, muss man durch einen steilen, gewundenen Canyon fahren. Der Kern River, der durch den Canyon fließt, ist mit riesengroßen Felsbrocken gespickt, die atemberaubende Wasserfälle erzeugen. Der größte Teil des Flusses ist zum Schwimmen oder für Wildwasser-Rafting zu gefährlich. Aber einige versuchen es trotzdem immer wieder. Am Eingang des Canyons steht sogar ein Schild, dessen Zahl regelmäßig aktualisiert wird. Darauf ist zu lesen: „351 Menschen haben in diesem Fluss ihr Leben gelassen." Das Schild soll die Menschen davon abhalten, sich in dieses Wasser zu begeben. Jedes Jahr lesen wir auf dem Schild eine höhere Zahl. Das, was den Fluss so gefährlich macht, lässt ihn gleichzeitig so spektakulär erscheinen.

Dieser Fluss war vor Tausenden von Jahren nur ein plätscherndes Rinnsal. Mit der Zeit grub es eine Vertiefung in die Erde. Diese Vertiefung bildete das Ufer eines Baches, dann eines Flusses und schließlich eines Canyons. Es ist immer noch derselbe Fluss, aber je mehr Zeit vergeht, umso tiefer schneidet er sich in die Landschaft ein.

Sehen Sie die Ähnlichkeit zu Ihrem Mann? Er ist faszinierend und anziehend, aber manchmal haben Sie das Gefühl, in Ihrer Beziehung auf Stromschnellen zu stoßen. So wie der Fluss den tiefen Canyon gegraben hat, so haben die Weichen, die Ihr Mann in der Kindheit gestellt hat, die Form dafür vorgegeben, wie er als Mann ist. Sein Verhalten als Erwachsener ist nicht neu; es hat vor langer Zeit begonnen und den Menschen geformt, der er geworden ist. Jedes Mal, wenn ein Mann ein Verhalten wiederholt, gräbt sich der Canyon ein wenig tiefer ein. Wenn Sie eine Beziehung zu einem Mann eingehen, erleben Sie alles, was er in der Vergangenheit war. Je älter ein Mann wird, umso tiefer haben sich seine Verhaltensmuster eingegraben.

Diese Verhaltensmuster sind nicht nur Gewohnheiten, die er entwickelt hat, sie sind sein Betriebssystem, das sich im Laufe der Jahre bei ihm festgesetzt hat. Woher kommen diese Verhaltensmuster? Sie haben zwei grundlegende Ursachen: sein soziales Umfeld und seine genetische Veranlagung.

Das *soziale Umfeld* hat einen großen Einfluss, besonders die Menschen, die in der Kindheit des Jungen eine Rolle spielten. Zum Beispiel erwartet ein Junge, dass seine Eltern seine Bedürfnisse stillen und ihn lehren, im Leben gut zurechtzukommen. Ihre Anwesenheit oder Abwesenheit formt seine Sicht von Gott, seinen Glauben, seine Einstellungen und Entscheidungen. Sie legt den Weg fest, den der Fluss einschlägt, solange er noch ein kleines Rinnsal ist. Sobald die kleinste Rinne in die Erde eingegraben ist, bleibt der Fluss in diesem Flussbett.

Geschwister, Verwandte, Nachbarn und Freunde sind auch Teil seines sozialen Umfeldes. Ein Junge ist sich nicht bewusst, dass er diese anderen Menschen beobachtet, aber er sieht, wie sie sich verhalten, und schließt daraus, wie das Leben funktioniert. Es gibt keine Schulung und kein großes Ereignis, das ihn zum Mann machen würde.

Ein Junge will wissen, wie er im Leben zurechtkommen soll. Deshalb sucht er Vorbilder, die er beobachten und nachahmen kann. Wenn er in seinen Eltern keine guten Vorbilder findet, sucht er bei Sportlern, erfolgreichen Berühmtheiten oder älteren Jungen Vorbilder, die er nachahmen kann. Manchmal lässt er sich sogar auf risikoreiche Aktivitäten ein, weil er das Gefühl haben möchte, etwas zu leisten und etwas wert zu sein, oder er ignoriert seine Gefühle und verdrängt dieses Bedürfnis.

Ein Mann kann zwar das ändern, was er in seiner frühen Kindheit gelernt hat, aber das ist nicht leicht. Es ist genauso schwer, wie wenn ein Fluss einen neuen Weg einschlagen soll. Wir können am oberen Rand des Canyons stehen und einen neuen Kanal graben, aber wir können den Fluss nur schwer dazu bringen, seine Richtung zu ändern. Deswegen ist es leichter zu verstehen, was Ihren Mann auf den Weg gebracht hat, den er in seinem Leben eingeschlagen hat, als zu hoffen, dass er eine Richtungsänderung vornehmen würde.

Der zweite Faktor ist seine *genetische Veranlagung*. Die Hormone, die ihn zu einem Mann machen, sind ein untrennbarer Teil von ihm. Er wurde mit einzigartigen Eigenschaften geboren, die ihn zu einem Mann und nicht zu einer Frau machen. Wenn man daran etwas ändern möchte, ist das, als wollte man aus einer Eiche einen Orangenbaum machen. Wir lieben den Schatten, den die Eiche spendet, aber wir haben keine Lust, die Blätter wegzukehren. Trotzdem wäre es völlig sinnlos, darauf zu warten, dass eine Eiche Orangen trägt. Um Frustrationen vorzubeugen, sollte man lieber lernen, wie man Eichenblätter zu Mulch verarbeitet.

Vertikale Beziehungen

Bei der Beschreibung, wie das männliche Gehirn physiologisch aufgebaut ist, haben wir bereits erfahren, dass Frauen mehr Verbindungsgewebe zwischen den verschiedenen Gehirnteilen haben als Männer. Männer haben mehr „graue Substanz" und konzentrieren deshalb ihr Denken eher auf einen einzelnen Bereich, während Frauen eher Verbindungen zwischen den Bereichen herstellen.

In Beziehungen denken Frauen in der Regel *horizontal*. Der Umgang mit anderen Menschen hat mit dieser Verbindung zu tun. Frauen konzentrieren sich auf die Dynamik der Beziehungen zwischen verschiedenen Menschen. Wenn man kleine Mädchen beim Spielen beobachtet, spielen sie oft „Familie" oder „Schule" und jedes Mädchen spielt eine konkrete Rolle in der Geschichte. Ein Mädchen ist vielleicht die Mutter oder die Lehrerin und teilt den anderen ihre Rollen zu. Das Gespräch kreist um die Gruppendynamik und hat zum Ziel, dass jeder glücklich ist und sich keiner ausgeschlossen fühlt.

Männer hingegen sehen Beziehungen eher *vertikal*. Stellt man einen Mann in eine Gruppe, überlegt er unbewusst, welchen Rang er in der Hackordnung einnimmt. Wenn Jungen miteinander spielen, geht es um Wettkampf, um „Das kann ich besser als du" und darum, wer der Anführer ist. Sie kämpfen ständig um eine bessere Stellung und messen ihre Fähigkeiten, Intelligenz oder ihren Status. Sie haben darin allerdings keine große Erfahrung und vergleichen deshalb oft die Menschen, zu denen sie eine Beziehung haben. „Mein Vater kann deinen Vater schlagen", prahlen sie.

Dieses Wettkampfdenken ist keine Charakterschwäche; es ist Teil des männlichen Gehirns. Es treibt den Mann an, Erfolg zu haben und die meisten Lebenssituationen zu meistern. Dieser Antrieb veranlasst ihn, seine Energie und Mittel zu kanalisieren, damit er die Frau erobern kann, die er mag.

Männer wollen immer die Nummer eins sein. Deshalb bitten sie andere nicht um Hilfe. Sie fragen nicht nach dem Weg, weil sie damit zugeben würden, dass sie den Weg nicht selbst finden. (Natürlich erlaubt ihnen die moderne Technik, den richtigen Weg zu finden, ohne andere Menschen fragen zu müssen.)

Mein Freund Al kann gut mit Holz umgehen. Er wohnt nur zwei Kilometer von uns entfernt und hat so ziemlich jedes Werkzeug, das man sich vorstellen kann. „Wenn du ein Werkzeug brauchst, dann kauf es dir bloß nicht", hat er einmal zu mir gesagt. „Ich habe es wahrscheinlich in meiner Werkstatt. Du kannst es dir jederzeit ausleihen."

Meine Frau war dabei, als er das sagte, und sie merkte sich sein Angebot. Einige Zeit später arbeitete ich hin und wieder zu Hause an einem Projekt und hatte nicht das nötige Werkzeug, das ich brauchte. Für mich wäre es die logische Lösung gewesen, mir das entsprechende Werkzeug zu kaufen. Dann hätte ich es, wenn ich es in Zukunft wieder brauchen sollte.

Aber Diane sagte jedes Mal: „Hat Al dieses Werkzeug? Du kannst es dir doch einfach von ihm ausleihen."

Ich wusste ganz genau und nur allzu gut, dass sie recht hatte, aber es störte mich jedes Mal. Mir fiel keine gute Ausrede ein, warum ich Al nicht um Hilfe bitten sollte. Doch wenn ich das Werkzeug nicht kaufte und es in Zukunft wieder brauchte, müsste ich Al erneut um Hilfe bitten.

Ich fuhr ein paar Mal zu ihm und wir arbeiteten gemeinsam an meinen Projekten. Er stellte mir sein Werkzeug und sein Wissen zur Verfügung. Die Arbeit mit ihm machte mir viel Spaß. Aber wenn ich wieder in eine solche Situation käme, würde ich nach einer anderen Lösungsmöglichkeit suchen. Manchmal hatte ich Schuldgefühle und kam mir stolz vor, weil ich nicht gern um Hilfe bitte. Meine Frau konnte nicht verstehen, warum ich Al nicht einfach anrief, wenn ich etwas brauchte. Das war doch sinnvoll, oder?

Aber sie blickt aus ihrer horizontalen Perspektive auf meine vertikale Perspektive.

Das bedeutet nicht, dass ich andere nicht um Hilfe bitten sollte. Um dieses Verhalten verstehen zu können, muss man sich bewusst machen, dass ein Mann eine vertikale Sicht hat. Ich bitte andere durchaus um Hilfe, aber das ist nicht mein erster Impuls. Ich habe das Grundbedürfnis, aus eigenen Stücken kompetent zu sein.

Es mag ein Klischee sein, aber: *So sind Männer einfach.*

Der Drang zu gewinnen

Als ich die konkurrenzbetonte Seite des männlichen Gehirns untersuchte, war ich zu Beginn nicht überzeugt, dass es sie wirklich gibt. Ich habe in der Schule nie Wettkampfsport betrieben und mich später nur wegen meiner Kinder für Sport interessiert. Mein Schwiegersohn liebt Eishockey, hat Saisonkarten für die Spiele seiner Mannschaft und hat die ganze Familie mit seiner Begeisterung angesteckt. Selbst sein jüngster Sohn, der fünfjährige Marco, sitzt mit mir auf dem Sofa und schaut sich das Spiel an. Dabei gibt er ununterbrochen Kommentare über die Spieler, Statistiken und Tabellen von sich.

Ich dachte, dass ich diese Eigenschaft nicht hätte. *So wettkampfbetont bin ich nicht,* sagte ich mir. Aber je mehr ich darüber nachdachte, umso mehr begriff ich, dass ich in anderen Bereichen genauso wettkampfbetont bin. Der Wettkampfgeist ist vielleicht subtiler, aber trotzdem genauso stark vorhanden.

> *„Wenn ich in einem zäh fließenden Verkehr feststecke, suche ich ständig die anderen Fahrspuren ab, ob ich nicht vielleicht doch weiter nach vorne kommen kann. Es stört mich, wenn ich ganz hinten und nicht ganz vorne bin."*
>
> *„Bei meiner Arbeit haben wir ein Ranking, wie zufrieden unsere Klienten mit uns sind. Ich war ein paar Mal die Nummer eins und das war ein gutes Gefühl. In diesem Jahr bin ich auf den zweiten Platz gerutscht. Der Mann, der jetzt an der Spitze steht, ist ein guter Freund von mir und hat diesen Platz verdient. Aber trotzdem fühle ich mich getrieben, ‚mich reinzuhängen', um nächstes Jahr wieder ganz oben zu stehen."*
>
> *„Wenn die Bewertungen für meine Bücher bei Amazon gut sind, bin ich zufrieden. Wenn sie schlecht sind, bin ich deprimiert. Ich habe Freunde, die auch Bücher schreiben, und ich habe mir fest vorgenommen, mir nie ihre Bewertungen anzusehen. Es würde mir nicht guttun, denn je nachdem, wo meine Bücher im Vergleich zu ihren stehen, würde ich mich (und sie) mit anderen Augen betrachten."*

Ich habe festgestellt, dass ich damit nicht allein bin. Männer verfolgen unbewusst die Bewertungen ihrer Beziehungen genauso, wie sie den Tabellenplatz ihrer Fußballmannschaft verfolgen. Beziehungen sind wichtig, aber für einen Mann sind der Status und die Position noch wichtiger.

Das Biest bändigen

Diese vertikale Sicht erklärt, warum Männer meistens lieber Action- als Liebesfilme sehen. In Actionfilmen geht es darum, einen anderen Menschen oder eine Situation zu besiegen. In Liebesfilmen geht es um Beziehungen, was wiederum der horizontalen Sicht der meisten Frauen entgegenkommt. Das bedeutet nicht, dass Männer nichts für Romantik übrighätten; sie haben nur einfach einen anderen Blick darauf. Wenn meine Frau und ich gemeinsam einen Film ansehen wollen, sucht sie sich normalerweise einen anderen aus als ich. Aber sobald der Liebesfilm läuft, kann ich gut damit leben. Ich genieße ihn, aber nicht so wie einen Film mit mehr Action.

Wenn sich eine Frau einen Actionfilm mit ihrem Mann ansieht, stellt sie fest, dass normalerweise eine Liebesgeschichte darin vorkommt, die das männliche Gehirn fesselt. Warum nimmt der Held so viel auf sich, um am Ende zu gewinnen? Weil er das Herz einer Frau erobern will!

Es ist also kein Entweder-oder. Je mehr eine Frau erkennt, wie das männliche Gehirn funktioniert, umso leichter versteht sie, warum er seine Entscheidungen so und nicht anders trifft. Er tut das nicht, weil er ein Idiot, sondern weil er ein Mann ist.

Das fing alles an, als er ein kleiner Junge war, und daran hat sich nichts geändert. Er ist nur größer geworden.

MÄNNER MIT MISSION

Am 15. Januar 2009 kollidierte beim Flug 1549 der Fluggesellschaft US Airways das Flugzeug mit einem Vogelschwarm und landete im Hudson River. Für jeden Normalsterblichen war das eine erstaunliche, unvergleichliche Leistung. Flugzeuge landen normalerweise auf einer Rollbahn und nicht in einem Fluss. Aber dieses Mal war das anders. Ein Fluss als Landebahn für eine geglückte Notwasserung. Alle Fluggäste überlebten, und das ist einem einzigen Mann zu verdanken.

Vor diesem Tag war Chesley Sullenberger ein Flugkapitän. Doch seit diesem Ereignis trägt er einen neuen Titel: *Held*. Er hat sich diese Bezeichnung nicht selbst ausgesucht und spielte sie auch in den Medien herunter. Oft sagte er: „Ich habe nur meine Arbeit gemacht. Das, wozu ich ausgebildet wurde." Durch dieses Herunterspielen wurde seinem neuen Titel noch ein Adjektiv beigefügt: *bescheidener Held*.

Dieser Titel entspricht den Tatsachen, und dieser Mann hat ihn sich redlich verdient. Seine ruhige, besonnene Reaktion in diesem Notfall hat 155 Menschen das Leben gerettet. Die Welt schaute ihm dabei zu, bewunderte ihn und ist ihm dankbar. Die Medien fanden ein neues Ziel für Millionen Menschen, die sich einen echten Helden wünschen.

In den Herzen vieler Männer fand noch ein anderes Phänomen statt. Sie waren dankbar und stolz auf „Kapitän Sully" und seine Leistung. Sie staunten über seine nüchterne Reaktion und seine präzise Vorgehensweise in dieser Stresssituation. Sie freuten sich, dass alles so gut ausgegangen war. Aber tief in ihrem Herzen dachten sie: *Ich wünschte, ich hätte dieses Flugzeug gelandet!*

Vielleicht war es nicht einmal ein bewusster Gedanke, aber trotzdem war er da. Dieser Trieb steckt in jedem Mann: der Trieb, etwas Gutes zu tun. Es ist kein erlerntes Verhalten; es ist eine Eigenschaft aller Männer weltweit. Männer wollen diejenigen sein, die unter Druck Höchstleistungen vollbringen, die richtigen Entscheidungen treffen und eine schwere Situation meistern. Sie wollen etwas Gutes tun und in dieser Welt etwas bewirken.

Das ist ein weiterer Grund, warum Männer sich so gern Actionfilme ansehen. Das Szenario, wenn Menschen unterdrückt werden und es scheinbar keine Hoffnung gibt, aus dieser Situation herauszukommen, spricht uns an. Und dann taucht plötzlich aus der Masse ein Held auf. Normalerweise ist er ein ganz gewöhnlicher Mann, der Leidenschaft und Überzeugung hat und das geschehene Unrecht zutiefst verabscheut. Er möchte Lösungen vorschlagen, aber er wird von allen Seiten entmutigt.

Schließlich erkennt er: Wenn etwas geschehen soll, dann muss er seine Komfortzone verlassen und Stellung beziehen. Er geht Risiken ein, setzt seine Stärke und Klugheit geschickt ein und meistert die Situation erfolgreich.

Er erobert. Er gewinnt. Er verändert etwas zum Guten. Am Ende wird er von allen bewundert. Er ist ein Held. Wenn sich Männer solche Filme ansehen, schlüpfen sie in diese Rolle. Sie sagen: „Ich möchte *dieser* Kerl sein."

Männer wollen erobern. Wenn es eine Herausforderung gibt, wollen sie sie bewältigen. Bei einem unüberwindbaren Problem wollen sie einen Ausweg finden. Sagt dann jemand: „Das ist unmöglich!", denken sie: *Meinst du? Dann schau mir jetzt einmal gut zu!*

Aber mein Mann ist nicht so!

Sie denken jetzt vielleicht:

Das kaufe ich Ihnen nicht ab. Die Männer, die ich kenne, wollen nicht die Welt verbessern. Sie spielen stundenlang Videospiele oder schauen Fußball oder basteln an ihrem Auto herum. Ich sehe bei ihnen nicht den Wunsch, die Welt zu retten.

Aber dieser Wunsch ist da. Schauen Sie sich die Videospiele an, die er spielt: Meistens kommt darin ein furchtloser Held vor, der es mit großen Hindernissen aufnehmen muss. Und wenn er Sportsendungen anschaut? Egal, ob es Fußball oder Formel 1 ist, er will das entscheidende Tor schießen oder als Erster ins Ziel kommen. Wenn er am Auto herumbastelt, will er meistens ein Problem lösen und ist frustriert, bis er die Lösung gefunden hat. Hat er es behoben, dann erfüllt ihn das mit mehr Befriedigung, als Sie sich vorstellen können.

Es ist eigentlich ganz einfach: Männer wollen etwas bewirken. Sie sehen die Kapitän Sullys dieser Welt. Sie sehen die Männer, die jemanden aus einem brennenden Gebäude holen, die zu einem Unfallort rasen und einen eingeklemmten Autofahrer befreien oder die einen bewaffneten Bankräuber überwältigen. Solche Helden wollen auch sie sein.

Doch es gibt ein Problem dabei. In diesen ganzen Fällen hatte niemand vorher geplant, ein Held zu sein. Es ergab sich einfach. Kapitän Sully wachte an jenem Tag nicht auf und sagte: „Ob das heute wohl der Tag ist, an dem meine Motoren ausfallen und ich auf einem Fluss lande und mehrere Menschenleben rette?" Niemand wusste, dass in dem Gebäude Feuer ausbrechen würde. Es passierte einfach und der Held war da und reagierte richtig. Der Unfall geschah, jemand brauchte Hilfe, und der Held saß zum Glück im nächsten Auto. Niemand geht durch die Stadt und wartet auf einen Banküberfall, aber wenn man in eine solche Situation gerät, handelt man.

Helden waren oft einfach zur richtigen Zeit am richtigen Ort.

Die meisten Männer glauben, dass sie sich heldenhaft verhalten würden, sollten sie einmal in eine solche Situation geraten. Wenigstens hoffen sie das. Aber ihnen ist auch bewusst, dass solche Situationen sehr selten sind. So gern sie auch Helden wären, haben sie dazu nicht viele Gelegenheiten.

Was tun sie also? Sie suchen kleinere, vorhersehbarere Situationen, in denen sie Helden sein können. Das kann ein Videospiel, ein kaputter Wasserhahn oder ein schwer zu überzeugender Kunde sein, mit dem sie ins Geschäft kommen wollen. Es kann ein Tennisspiel, eine schwierige Verkehrssituation oder ein Steak sein, das perfekt gegrillt werden muss. Es kann irgendein Problem in ihrem Leben sein, das nach einer Lösung schreit. Wenn sie die Lösung finden, sind sie kleine Helden und erfahren Befriedigung.

Wie Helden heranwachsen

Kevin Lemans Buch *Geschwisterkonstellationen* beschreibt die typischen Eigenschaften eines erstgeborenen Kindes gegenüber einem letztgeborenen Kind. Er erklärt Eltern, warum das erstgeborene Kind alles in genau der richtigen Reihenfolge machen will und warum das letztgeborene Kind auf Party aus ist.[5]

Dazu kommen noch die Geschlechterunterschiede. Wir haben darüber gesprochen, wie kleine Mädchen miteinander spielen und dass sich ihre Kommunikation um Beziehungen dreht. Sie konzentrieren sich darauf, was in der Gruppe passiert; in ihrem Spiel ist wichtig, wie die Menschen miteinander umgehen. Mädchen spielen Geschichten von Prinzessinnen und Persönlichkeiten und Überredungskunst. Wenn es Streit gibt, sprechen sie über Gefühle und ihre Einstellung und darüber, was in Beziehungen passiert.

Kleine Jungen sind wettkampfbetonter. Das zeigt sich auf andere Weise: Wenn sie spielen, wird nicht viel geredet oder über tiefe Gefühle gesprochen. Sie knurren und ahmen Motorengeräusche oder den wilden Dinosaurier nach. Ihr „Gespräch" dreht sich darum, wessen Auto größer oder wessen Dinosaurier stärker ist. Sie wechseln sich nicht ab, sondern drängen die Autos der anderen von der Bahn.

Als meine älteste Enkelin Averie acht war, spielte sie in einer Softballmannschaft. Wir versuchten, so viele ihrer Spiele wie möglich zu sehen, und schauten ihr gern zu. Sie hatte einen wunderbaren Trainer, der der größte Fan der Mannschaft war, und dadurch wurde das Ganze ein wirklich schönes Erlebnis.

Solange sie auf dem Spielfeld waren, konzentrierten sich die Mädchen auf das Spiel. Aber sobald sie auf der Auswechselbank saßen, plapperten sie unaufhörlich. Die Mädchen steckten die Köpfe zusammen und blendeten das Spiel völlig aus, weil sie so sehr damit beschäftigt waren, sich über das zu unterhalten, was kleine Mädchen eben bewegt. Ihre Gespräche waren sehr lebhaft. Wenn der Trainer dann eins der Mädchen von der Auswechselbank zum Aufschlag rief, halfen ihr die anderen schnell, ihren Helm oder Schläger zu finden.

Einmal fand Averies Spiel auf einem Spielfeld statt, neben dem ein Jungenspiel lief. Als bei den Mädchen gerade nicht viel los war, schlenderte ich hinüber, um zu sehen, was sich bei den Jungen abspielte. Dort bot sich mir ein völlig anderes Bild.

Am Spielfeldrand standen die Jungen nicht in Gruppen herum und unterhielten sich. Sie saßen auf der Bank, verfolgten wie gebannt das Spiel und warteten darauf, dass sie wieder eingewechselt wurden und mitspielen konnten. Es wurde nicht viel gesprochen. Hauptsächlich spuckten sie. Wenn sie nicht auf dem Spielfeld konkurrierten, konkurrierten sie darum, wer am weitesten spucken konnte.

Vielleicht gibt es das ja auch bei Mädchen, doch ich habe noch nie eine Gruppe Mädchen bei einem Spuckwettbewerb gesehen.

Wenn ich meine Enkelinnen bitte, mir ihre Muskeln zu zeigen, tun sie mir den Gefallen. Bitte ich den fünfjährigen Marco, mir seine Muskeln zu zeigen, dann will er sofort, dass ich ihm meine auch zeige, damit er sie mit seinen vergleichen kann. Und irgendwie schafft er es, mir weiszumachen, seine Muskeln wären größer als meine.

Da dieser Drang, der Beste zu sein, im Gehirn von Jungen tief verwurzelt ist, müssen sie herausfinden, wie sie damit umgehen sollen. Deshalb nutzen sie jedes Vorbild, das sie finden können. Haben sie keinen Vater (oder wenn die Beziehung zu ihm nicht gut ist), suchen sie sich ihre Vorbilder im Fernsehen, in Filmen oder im Sport – oder in ihrem Freundeskreis. Und kommen sie dann ins Teenageralter, sind sie immer noch auf der Suche und probieren vieles aus.

Aus diesem Grund wirken Jungen in diesem Alter oft arrogant oder rüpelhaft. Da sie die Beziehung zu anderen eher vertikal verstehen, versuchen sie, sich in den meisten Beziehungen als Eroberer zu positionieren. Sie finden ihre Identität an dem Platz, den sie in der Hierarchie mit anderen einnehmen. Das tun sie nicht, weil sie arrogant wären, sondern weil sie noch keine Erfahrung haben, wie sie diesen Konkurrenztrieb angemessen einsetzen können.

Irgendwann wird Marco erwachsen sein. Es würde mich nicht überraschen, wenn er noch mit 30 ein Weitspucken mit seinen Freunden veranstaltet. Es würde mich auch nicht überraschen, wenn er das mit seinem eigenen fünfjährigen Sohn macht.

Okay, ich gebe es zu: Wenn er mich mit 90 Jahren zu diesem Wettkampf herausfordern sollte, werde ich alles geben, um ihn zu schlagen.

Seine größten Ängste

Man könnte glauben, dass harte Jungs keine Angst hätten. Wenn jemand ein harter Kerl ist, meint man automatisch, dass er sich vor nichts fürchtet. Aber es gibt immer eine unterschwellige Angst, die ihn antreibt, Erfolg haben zu wollen: die Angst vor dem Versagen. Die Angst, *nichts* zu bewirken.

Diese Angst ist echt. In Spielfilmen ist der Held immer auch verwundbar. Das macht ihn menschlich und sympathisch. Er ist immer noch der kleine Junge, der positiv auffallen will.

Im echten Leben haben Männer nur selten Gelegenheit, ein Actionheld zu sein, der im Fernsehen erscheint. Aber sie haben trotzdem den Drang, etwas zu bewirken. Dabei gibt es zwei Möglichkeiten, wie sie vorgehen:

1. Sie ziehen sich zurück, da sie davon ausgehen, dass sie nichts tun können. Also flüchten sie entweder in Routine und versuchen, diesen Trieb zu ersticken, oder sie schlagen wütend um sich.
2. Sie ergreifen die Initiative und beschließen, in ihren Alltagssituationen etwas zum Positiven zu verändern.

Die erste Gruppe ist vielleicht einfach entmutigt, weil sie das Gefühl hat, nichts tun zu können. Wenn es nicht brennt, können sie niemanden retten.

Also geben sie auf und füllen ihr Leben mit sinnloser Unterhaltung und bedeutungslosen Aktivitäten, um den Schmerz zu ersticken, und den Trieb, der unter der Oberfläche brodelt, zu ignorieren. Dieser Trieb ist immer noch da, aber sie unterdrücken ihn.

Die zweite Gruppe erkennt ihre Lebenssituation an. Sie wollen etwas bewirken, aber sie warten nicht, bis sich dazu eine Gelegenheit ergibt. Sie setzen diesen Trieb ein, um Möglichkeiten zu finden, wie sie im Leben von anderen etwas bewirken können.

Das ist der Unterschied zwischen Ruhm und Geben. Die erste Gruppe wird von dem Denken gesteuert, das sagt: „Schaut mich an! Schaut, was ich alles kann!" Das ist die Sicht des kleinen Jungen, der noch nicht gelernt hat, wie er aus dem Drang, ein Held sein zu wollen, Kapital schlagen kann. Diesen Männern geht es darum, wie sie von anderen wahrgenommen werden. Die zweite Gruppe will erobern, um Menschen in Not helfen zu können. Ihnen geht es darum, im Leben von anderen etwas zu bewirken.

Wahre Helden tun für andere, was sie für sich selbst nicht tun können. Die meisten Männer bewirken lieber etwas im Leben von anderen, als berühmt zu sein. Sie führen in der Öffentlichkeit vielleicht keine großen Strategien oder Einsätze durch, aber sie wollen trotzdem im Leben der Menschen, denen sie täglich begegnen, etwas bewirken.

Was bedeutet das?

Ein Mann will auf der Arbeit, zu Hause, in seiner Familie und bei seinen Freunden etwas Positives bewirken. Er will ein Held sein für die Menschen in seinem Leben, die ihm wirklich wichtig sind.

Dazu gehören Sie. Mehr als jeder andere.

Warum Sie ihm so viel bedeuten

Der Actionheld gibt alles auf für die Frau, die er liebt. Ihr Mann kann in seinem Beruf und in der Gesellschaft viel Erfolg haben, aber wenn er nicht das Gefühl hat, *Ihr* Held zu sein, ist alles andere unwichtig.

Meine Frau und ich arbeiteten mehrere Jahre mit einer Gruppe junger Ehepaare in unserer Gemeinde. Wir trafen uns unter der Woche zu persönlichen Gesprächen, und jeden Sonntagmorgen gab es einen Vortrag.

Sonntags leitete ich oft die Gruppe, und ich habe das immer sehr gern gemacht. Manchmal hatte ich das Gefühl, gut gesprochen zu haben, meine Gedanken waren schlüssig und ich konnte die einzelnen Punkte gut darstellen.

Aber es gab auch Tage, an denen ich das Gefühl hatte, mich auf Treibsand zu bewegen.

Wie die meisten Männer übte ich danach gnadenlos Selbstkritik. Ich hinterfragte mich den Rest des Tages, ob ich die Bedürfnisse der Gruppe angesprochen hatte oder nicht. Wenn ich ein gutes Gefühl hatte und mir Leute aus der Gruppe sagten, dass ihnen meine Worte weitergeholfen hatten, fühlte ich mich gut. War mein Vortrag nicht perfekt und niemand sprach mich darauf an, dann fühlte ich mich schlecht.

Ich habe die Teilnehmer nie gefragt, was sie von meinem Vortrag hielten. Ich dachte, wenn er gut gewesen wäre, hätte bestimmt jemand etwas gesagt. Wenn mich niemand darauf ansprach, ging ich davon aus, dass er nicht so gut war.

Letztlich kam es aber nicht darauf an, was die anderen sagten, sondern mir war vor allem die Bestätigung meiner Frau wichtig. Ihre Sicht zählte für mich mehr als die von allen anderen. Wenn sie sagte, ich hätte es gut gemacht, dann hatte ich alles, was ich brauchte. Selbst wenn sie sagte, dass ich in meiner Darstellung ein wenig hin und her gesprungen sei, war das okay. Ich musste nur wissen, dass sie an mich glaubt und zu mir steht.

Auf der Heimfahrt wartete ich immer, dass mir Diane sagte, was sie von meinem Vortrag hielt. Hin und wieder bemerkte sie: „Das war heute richtig gut." Wenn sie das sagte, fühlte ich mich wie der Größte.

Meistens sagte sie aber nichts. Ich wollte sie nicht fragen, weil ich nicht den Eindruck erwecken wollte, ich wäre auf Komplimente aus. Ich ging davon aus, dass sie es mir schon sagen würde, wenn sie mich gut gefunden hätte. Also interpretierte ich ihr Schweigen als negatives Feedback. Normalerweise ging ich einfach davon aus, dass mein Vortrag nicht so gut gewesen sei. Dann versuchte ich, ihn zu vergessen, und nahm mir vor, es das nächste Mal besser zu machen.

Irgendwann erwähnte ich, wie ich mich fühlte, wenn sie nichts sagte. Sie war schockiert. „Ich dachte, du wüsstest, dass es gut war, und ich müsste deshalb nichts sagen. Wenn ich dir sage, dass es gut war, hat mich meistens etwas, das du gesagt hast, ganz persönlich angesprochen."

Wir haben seitdem gelernt, offener und ehrlicher miteinander zu sprechen. Gleichzeitig habe ich erkannt, dass mir ihre Meinung mehr bedeutet als die von allen anderen. Es tat gut, von anderen positive Kommentare zu hören, aber sie aus ihrem Mund zu hören, bedeutete mir viel mehr. Sie gab mir damit das Gefühl, dass ich etwas Positives bewirkt hatte. Damit sagte sie mir, dass ich ihr Held bin.

Männer sind wie kleine Jungen, die Erfolg haben wollen und getrieben sind, etwas zu bewirken. Aber vor allem wollen sie wissen, dass sie bei *Ihnen* etwas bewirken.

Wird er je ein Held sein?

Sehen wir den Tatsachen ins Auge:

- Männer haben den inneren Drang, ein Held zu sein.
- Die meisten Männer bekommen keine Gelegenheit, ein berühmter Held zu werden, der die Welt rettet.
- Das wissen sie, aber trotzdem haben sie diesen Drang. Deshalb wollen sie etwas finden, das sie erobern können, damit sie wenigstens an einem Punkt ein Held sein können.

Das Streben danach, ein Held zu werden, ist nicht vergebens. Wir haben schon über die Actionfilme gesprochen, die Männer so lieben. Wenn Sie genauer hinsehen, stellen Sie wahrscheinlich fest, dass es bei den meisten nicht nur um Action geht. Meistens kommt auch eine Frau vor, die dem Helden wichtig ist. Er nimmt deshalb so viel auf sich, einen Feind zu besiegen, weil er das Herz dieser Frau gewinnen will.

Ein Mann kann den ganzen Tag Videospiele spielen und sich bemühen, das nächste Level zu erreichen. Bis zu einem gewissen Maß stillt das seinen Wunsch, etwas zu erobern. In dieser virtuellen Welt bewirkt er etwas. Aber er weiß, dass er in der realen Welt nichts verändert. Wenn er in der realen Welt etwas bewirken würde, hätte er wahrscheinlich nicht so sehr das Bedürfnis, diese Spiele zu spielen.

Männer, die wirklich etwas bewirken, haben Erfolgserlebnisse, und diese können zu einer starken Antriebskraft werden. Aber mehr als alles andere motiviert einen Mann ein Ziel: Er will für die Frau, die er liebt, etwas Positives bewirken.

Mit anderen Worten: Er will nicht nur einfach ein Held sein; er will *Ihr* Held sein.

Wie sieht das aus?

Es gibt das Sprichwort: „Daheim ist der Mann ein König." Oft stellt man sich das so vor, dass der König in den Krieg zieht und den Feind besiegt; dann kommt er nach Hause und tut das Gleiche bei seiner Familie. Er ist der Held, und deshalb müssen ihn alle als solchen behandeln. Aber in Wirklichkeit will er auf dem Schlachtfeld gewinnen und dann nach Hause kommen, um mit den Menschen, die er am meisten liebt, zusammen zu sein.

Der wahre Held will in die Schlacht ziehen, den Feind besiegen und in der Welt etwas zum Positiven verändern. Doch dann will er nach Hause kommen und Ihnen zeigen, was er geleistet hat. Das ist keine Aufforderung zu falschen Schmeicheleien; es ist sein Bedürfnis, seiner Frau zu zeigen, dass er im Kampf Erfolg hatte – ob auf finanziellem, körperlichem, beruflichem, sozialem oder irgendeinem anderen Gebiet.

Er will die Welt erobern, aber trotzdem pünktlich zum Essen zu Hause sein. Das mag vielleicht ein wenig egoistisch klingen, aber so ist er nun einmal. Daran werden Sie nichts ändern können. Doch wenn Ihnen das bewusst ist, können Sie daraus Kapital schlagen. Eigentlich ist es ganz einfach.

Die meisten Männer machen nicht deshalb die Betten, weil sie wollen, dass das Schlafzimmer ordentlich aussieht. Sie machen die Betten, weil sie damit ein Held sein können, der die Bedürfnisse seiner Frau befriedigt. Zeigen Sie ihm einfach Ihre Dankbarkeit, und er fühlt sich respektiert – und ist motiviert, das öfter zu machen. Kritisieren Sie aber seine Leistung, weil die Kissen schief liegen, ist er entmutigt.

Ihr Mann sieht sich mit Ihren Augen. Sie können ihn nicht zwingen, ein bestimmtes Verhalten an den Tag zu legen. Aber wenn Sie ihm mit Respekt begegnen, sieht er sich als Ihr Held. Er hat das Grundbedürfnis, von Ihnen respektiert zu werden.

Irgendwann wird er motiviert sein, von der Couch aufzustehen und etwas für Sie zu tun.

Männer sind so angelegt, dass sie etwas zum Positiven verändern wollen.

Ihr Mann will bei Ihnen etwas Positives bewirken.

TEIL 3
WIE ER HANDELT

Der Central Park in New York hat keinen guten Ruf.

Das hört man seit Jahren und sieht es immer wieder im Fernsehen. Der Central Park ist Schauplatz von Verbrechen und düsteren Krimiszenen. Ich habe mir diesen Park immer als einen Ort vorgestellt, an dem man sein Leben aufs Spiel setzt.

Anfang dieser Woche war ich beruflich in New York und wohnte nur drei Straßen vom Central Park entfernt. An einem Abend beschloss ich, dort joggen zu gehen. Ich suchte im Internet, was die Leute über die Sicherheit im Park sagten. Ich las in fast allen Kommentaren, dass es einige Bereiche im Park gibt, die bedenklich sind, allerdings hauptsächlich bei Nacht und abseits der Hauptwege.

Ich war ein wenig nervös, obwohl es draußen noch hell war. Vorsichtig betrat ich den Park und schaute mich ständig um, weil ich mich vergewissern wollte, dass mich niemand überfallen würde.

Da bemerkte ich, dass ich nicht allein war. In der Zeit, in der ich mich im Park aufhielt, sah ich mindestens 500 Jogger. Andere Leute ließen sich von Pferdekutschen durch den Park fahren, und viele gingen spazieren oder spielten auf den grünen Hügeln und Felsen. Es war unglaublich und erstaunlich; ein Erlebnis, das ich nie vergessen werde.

Aber ich hätte es um ein Haar verpasst, weil ich einer einseitigen Darstellung geglaubt hatte.

Das passiert in Beziehungen zu Männern auch. In den Medien werden unzählige Klischees über Männer verbreitet, die sehr einseitig oder schlichtweg falsch sind. „Männer haben keine Gefühle" oder „Männer hören nicht zu" sind solche Verallgemeinerungen, die viele Menschen für wahr halten.

Eine solche Sicht kann dazu führen, dass Frauen das Beste verpassen, was ein Mann zu bieten hat. Diese Klischees müssen unter die Lupe genommen und, wenn nötig, widerlegt werden. Was stimmt wirklich und was sind nur moderne Legenden? Warum handeln Männer so und nicht anders?

WARUM ER
DEN SCHMUTZ
NICHT SEHEN KANN

Männer tun einige Dinge, die Frauen irritieren.

Das klingt vielleicht überraschend, aber es stimmt. Diese irritierenden Dinge treten normalerweise erst auf, wenn eine Beziehung schon eine Weile besteht.

Am Anfang einer Beziehung fühlen Sie sich durch seine positiven Seiten zu ihm hingezogen. Die irritierenden Dinge sind da, aber sie fallen Ihnen noch nicht auf. Der Satz „Liebe macht blind" bewahrheitet sich, wenn Sie vom Charme, Witz, Aussehen und Esprit eines Mannes beeindruckt sind. Es dauert eine Weile, bis die irritierenden Dinge sichtbar werden.

Wenn er das erste Mal in der Öffentlichkeit rülpst, fällt Ihnen das natürlich auf. Aber Sie gehen davon aus, dass es ein Versehen war, denn Sie wissen, dass er das doch bestimmt nicht absichtlich machen würde. Allerdings befremdet es Sie doch ein wenig, dass er nicht „Entschuldigung" sagt. Erst als er ein paar Monate später einen Rülpswettbewerb mit seinen Freunden gewinnt, überlegen Sie, ob die Ehelosigkeit nicht vielleicht doch eine gute Sache wäre.

Neulich habe ich einige Kolleginnen gefragt, was sie an Männern am meisten ärgert. Sie mussten nicht lange überlegen:

> *„Wenn ich ihn nach seiner Meinung frage und er nur sagt: ,Das ist mir egal.'"*
>
> *„Er schläft beim Fernsehen auf dem Sofa ein, aber wenn ich auf ein anderes Programm umschalte, wacht er auf und sagt: ,Hey! Ich will das sehen!'"*
>
> *„Wenn ich gerade die Küche sauber gemacht habe, kommt er herein und verbreitet Chaos."*
>
> *„Wenn wir weggehen, soll ich immer seine Sachen in meine Handtasche stecken, damit er sie nicht tragen muss."*
>
> *„Ihm fällt nicht auf, wenn ich einen neuen Haarschnitt habe. Und wenn doch, dann macht er mir kein Kompliment. Er sagt nur: ,Du siehst anders aus.'"*
>
> *„Wenn wir miteinander essen gehen, telefoniert er."*
>
> *„Er lässt die Toilettenbrille oben. Weiß er denn nicht, wie unangenehm das für eine Frau ist?"*
>
> *„Er will mit mir essen gehen, aber ich soll alles planen."*
>
> *„Er sieht keinen Schmutz."*

Betrachten wir die letzte Aussage. Stimmt es, dass Männer den Schmutz nicht sehen? Ich habe in vielen Quellen gesucht, ob es dazu Untersuchungen gibt. Ich konnte jedoch nur Posts in Blogs und humorvolle Artikel finden, die dieses Phänomen beschrieben.

Ich denke, die Frage müsste anders lauten: Wenn Frauen „Schmutz" sehen, wo schauen sie dann genau hin?

Für Männer ist Schmutz ein Erdklumpen auf dem Teppich, schwarze Flecken auf der Arbeitsplatte oder Tomatensoße auf dem

Hemd. Schmutz ist nicht zu übersehen. Alles, das weniger auffallend ist, gilt für sie nicht als „Schmutz".

Wenn eine Frau sagt: „Die Küche ist schmutzig", meint sie damit vielleicht, dass sie lange nicht mehr gründlich geschrubbt wurde. Sie will damit sagen, dass sie die Küche als unhygienisch empfindet, wenn die Arbeitsplatten nicht mit etwas behandelt wurden, das Keime abtötet. Es ist weniger ein offensichtlicher Schmutz als eher das Wissen, dass die Arbeitsplatte mit irgendeiner dünnen Schicht überzogen ist, die entfernt werden muss.

Ein Mann geht in die Küche, die die Frau als schmutzig bezeichnet, und fragt sich, wo das Problem liegt. Er sieht keine Erdklumpen, keine schwarzen Flecken und keine Tomatensoße auf dem Boden. Wenn sie ihn bittet, die Küche sauber zu machen, weiß er nicht, wo er anfangen soll und woher er wissen soll, wann er fertig ist.

Vor mehreren Jahren haben meine Frau und ich die Hausarbeit unter uns aufgeteilt. Da ich mein Büro zu Hause habe, bin ich an den Tagen, an denen ich keine Seminare leite oder Vorträge halte, zu Hause. Diane ist selbstständig, aber sie arbeitet mit Klienten außer Haus. Wir sind also beide tagsüber immer wieder zu Hause. Normalerweise übernehme ich die Reparaturarbeiten und sie das Waschen. Wir mähen beide den Rasen, gießen die Pflanzen und erledigen andere Arbeiten, und wenn einer von uns sein Auto wäscht, wäscht er normalerweise das andere Auto mit.

Bei den regelmäßigen Hausarbeiten haben wir vereinbart, dass ich dafür zuständig bin, einmal in der Woche die Toiletten zu schrubben, jede Woche unser Gästebad zu putzen, zweimal in der Woche staubzusaugen und am Tag, bevor die Müllabfuhr kommt, die Abfalleimer zu leeren. Diese Arbeiten machen mir nicht viel aus, denn es gibt mir ein befriedigendes Gefühl, wenn ich Dinge poliere. Und wenn ich diese Arbeiten erledigt habe, hat Diane das Gefühl, dass ich meinen Teil zur Hausarbeit beitrage.

Als ich diese Aufgaben übernahm, stellte ich fest, dass Diane und ich andere Vorstellungen davon haben, wie „sauber" aussieht. Sie wollte nicht hinter mir her putzen, weil sie mir damit das Gefühl geben würde, dass ich meine Arbeit nicht gut gemacht hätte, und ich wollte wirklich, dass sie zufrieden ist (ich wollte ihr Held sein). Deshalb bat ich sie, mir zu zeigen, was für sie sauber bedeutet.

Ich schaute ihr zu, wie sie unser Gästebadezimmer Schritt für Schritt putzte. In meinen Augen putzte sie Dinge, die überhaupt nicht schmutzig waren. Sie polierte Spiegel, die keine Flecken hatten, wischte Flächen ab, die keine sichtbaren Unreinheiten aufwiesen, und putzte Böden, auf denen ich keinen Schmutz sah. Als sie fertig war, sah es für mich nicht viel anders aus als vorher.

Heute putze ich das Badezimmer so, wie es ihr wichtig ist. Ich sehe den Schmutz nicht, aber das stört mich nicht. Ihr ist es wichtig, deshalb mache ich es aus Respekt vor ihr so.

Beim Staubsaugen ist es das Gleiche. Ich weiß, dass auf dem Boden Schmutz ist, doch ich sehe ihn nicht. Wahrscheinlich ist es eher Staub als Schmutz. Aber Diane weiß, dass er da ist und dass er entfernt werden muss, damit das Haus sauber ist. Wenn ich staubsauge, tue ich das nicht, um Schmutz zu entfernen. Ich mache es, um symmetrische Linien auf den Teppich zu zeichnen, damit er sauber aussieht. Ich habe schon oft gedacht, dass ich einfach mit einem Stock symmetrische Linien zeichnen und damit das Gleiche erreichen könnte.

Nachdem ich monatelang staubgesaugt hatte, beschloss Diane, dass es Zeit sei, den Teppich zu reinigen. Ich sah wieder keinen Schmutz, aber sie war überzeugt, dass unsere Enkel krank werden könnten, wenn sie darauf spielen. Also lieh ich eine Teppichreinigungsmaschine aus, las die Gebrauchsanleitung, füllte den Behälter mit heißer Seifenlauge und bewegte die Maschine über den Teppich, bis der Auffangbehälter geleert werden musste.

Da sah ich, dass das Wasser schwarz war. Nicht hellgrau, nicht mittelgrau. Schwarz. Ich erkannte, dass Diane recht hatte. Ich konnte den Schmutz nicht sehen, aber er war da. Ich weiß nicht, ob sie ihn tatsächlich sehen konnte, aber sie spürte ihn. Männer spüren so etwas nicht.

Ich könnte viele Beispiele aufzählen, mit denen Männer Frauen irritieren. Aber normalerweise machen sie das nicht absichtlich. Frauen sind frustriert, weil Männer den Schmutz nicht sehen, und Männer sind frustriert, weil sie den Schmutz nicht sehen können, den die Frauen sehen. Das unterstreicht wieder, dass Männer und Frauen die Dinge unterschiedlich sehen.

Es geht nicht darum, wer recht hat und wer unrecht hat. Ein solches Gespräch wäre von Anfang an zum Scheitern verurteilt. Es geht darum, die Unterschiede zwischen Mann und Frau anzuerkennen und zu schätzen.

Wie wichtig ist die Sache?

Aufgrund ihrer Hirnfunktion sind Männer nicht so kompliziert. Das weibliche Gehirn verbindet häufig alles mit allem, während sich Männer eher auf eine Sache konzentrieren. Wenn Männer also etwas machen, das eine Frau irritiert, tun sie das nicht, um sie zu ärgern. Sie tun es, einfach weil sie Männer sind.

Neulich habe ich mich offenbar auf etwas Öliges gesetzt, das einen kleinen Fleck auf meiner Hose zurückließ. Der Fleck befand sich in der Nähe der Innennaht an einem Bein hinten auf meiner Hose. Er ging beim Waschen nicht heraus, und deshalb sagte Diane, dass ich die Hose wegwerfen müsse.

Sie fand es nicht gut, wenn ich bei einem Seminar vor Menschen stehe und einen Fleck hinten auf der Hose habe. Ich dachte, dass dieser Fleck kein Problem sei, weil er sich an einer Stelle befand, die niemand sehen würde. Wir haben darüber gesprochen, und es war hilfreich, ihre Argumentation zu hören und meine Sicht darzustellen. Am Ende konnte ich die Hose behalten, und sie kann damit leben, weil wir darüber gesprochen haben. Ich weiß, dass der Fleck sie immer noch stört, aber sie ist zu dem Schluss gekommen, dass es sich nicht lohnt, darüber zu streiten.

Bis jetzt hat niemand diesen Fleck gesehen – glaube ich zumindest.

Diane und ich haben gelernt, die Position des anderen verstehen zu wollen. Das ist besser, als frustriert zu sein, weil wir den anderen für verrückt halten. Diese Haltung ist uns sehr wichtig geworden. Manchmal gibt einer nach, weil es nicht wichtig genug ist, darüber zu diskutieren. In anderen Fällen leben wir einfach mit unseren Unterschieden. Nicht, weil wir sie verstehen würden, sondern weil wir sie schätzen gelernt haben. Uns ist unsere Beziehung wichtiger als die Frage, wer recht hat.

Als mein schwarzer Lieblingspullover ein großes Loch in der Achselhöhle hatte, wollte sie ihn wegwerfen. „Du hebst ständig die Arme, wenn du redest. Jeder würde das Loch sehen", sagte sie. „Du kannst diesen Pullover nicht mehr anziehen." Meine erste Antwort war: „Ich ziehe ein schwarzes T-Shirt darunter, dann merkt es niemand." Das war mein Ernst. Ihr war es auch ernst.

Ihr Standpunkt klang vernünftiger als meiner, also gab ich nach. Manchmal muss man einfach überlegen, ob es sich lohnt, über etwas zu streiten.

Auch Männer sind manchmal irritiert

Männer stellen sich in Bezug auf Frauen ähnliche Fragen, aber sie kommen oft nicht auf die Idee, sie laut auszusprechen.

- Sie fragen sich, wie Frauen Schmutz sehen können, den sie nicht sehen.

- Sie wollen wissen, warum Frauen jeden Morgen die Betten machen, wenn sie sich abends sowieso wieder hineinlegen.
- Sie haben keine Ahnung, was sie sagen sollen, wenn ihre Frau fragt: „Sehe ich in diesem Kleid dick aus?"
- Sie wüssten gern, warum Frauen immer in Gruppen zur Toilette gehen.
- Sie fragen sich, warum die Beschreibung einer Situation bei einer Frau manchmal länger dauert als die Situation selbst.

Ein bekanntes Beispiel, das die Frage nach dem Schmutz umdreht, ist die Frage von Männern, warum Frauen nicht verstehen können, wie wichtig Sportsendungen im Fernsehen sind. Es gibt auch Frauen, die Sportsendungen lieben, aber bei Männern ist das weiter verbreitet. Männer lieben Sportübertragungen, weil sie ihrem Bedürfnis zu erobern und zu gewinnen entsprechen. Sie verbringen nicht viel Zeit damit, dieses Bedürfnis zu analysieren; sie genießen es einfach und leben es aus.

Wenn sie sich ein Fußballspiel anschauen, achten sie auf nicht viel anderes. Ihr männliches Gehirn hat beschlossen, sich auf diese Sache zu konzentrieren. Deshalb tritt in dieser Zeit alles andere in den Hintergrund. Stellt eine Frau ihrem Mann während des Spiels eine Frage, dann kann es sein, dass er sie gar nicht hört. Sein Gehirn konzentriert sich darauf, was bei dem Spiel passiert. Ihre Frage ist für ihn fast wie eine bekannte, von weit her kommende Stimme. Sie dringt nicht zu ihm durch. Die Frau ist frustriert, weil er sich für das Spiel mehr interessiert als für sie. Und ihre Frustration, weil er so viel Fußball schaut, wächst. Gleichzeitig ist er verwirrt, weil er nicht weiß, was er falsch gemacht hat.

Umgang mit den Unterschieden

Es läuft wieder auf das Gleiche hinaus: Es geht nicht darum, wer recht hat und wer unrecht hat; es geht darum anzuerkennen, dass wir verschieden sind. Wenn eine Frau frustriert ist, weil ein Mann etwas Bestimmtes tut, reagiert sie normalerweise auf eine der folgenden drei Arten:

1. Sie versucht, ihn zu ändern.
2. Sie unterdrückt ihren Frust.
3. Sie spricht mit ihm darüber.

Betrachten wir diese drei Möglichkeiten:

1. Sie versucht, ihn zu ändern

Das ist wahrscheinlich die uneffektivste Reaktion und sorgt für noch mehr Konflikte in der Beziehung. Diese Reaktion geht davon aus, dass das Verhalten des Mannes *falsch* ist und nicht einfach *anders* und deshalb geändert werden muss.

Als ich das Buch *People Can't Drive You Crazy If You Don't Give Them The Keys*[6] („Andere Menschen können Sie nur in den Wahnsinn treiben, wenn Sie es Ihnen erlauben") geschrieben habe, las ich viele Artikel und Bücher zu diesem Thema. Ich fand ausführliche Argumente, warum Menschen das tun, was sie tun, und verschiedene Vorschläge, wie man in Beziehungen mit Frustration umgeht. Aber es lief immer auf eine einzige Frage hinaus: Kann ich einen anderen Menschen ändern?

Die Antwort ist einfach und trifft in den meisten Fällen zu: nein.

Überlegen Sie, wie schwer es ist, uns selbst zu ändern. Wir nehmen uns vor abzunehmen, geben diesen Plan aber auf, sobald wir einen Schokoladenkeks sehen. Wir nehmen uns vor, gelassener zu sein, bis uns die gereizte Haltung eines anderen Menschen ansteckt. Wir haben vor, mehr zu lesen, aber wir finden den Ausschaltknopf am Fernseher nicht. Wir haben gute Absichten, aber unsere Gewohnheiten und Verhaltensmuster haben sich schon sehr lange eingeprägt. Selbst wenn wir den starken Wunsch haben, uns zu ändern, haben wir meistens das Gefühl, auf verlorenem Posten zu stehen, wenn wir uns ändern wollen.

Wir sind damit nicht allein. Mit wenigen Ausnahmen verhält sich jeder Mensch nicht viel anders als vor fünf Jahren. Wenn wir uns selbst schon nicht ändern können, ist es doch erst recht vergebliche Liebesmüh, einen anderen Menschen ändern zu wollen. Überlegen Sie einmal, wie Sie sich fühlen, wenn jemand versucht, Sie zu ändern. In den meisten Fällen wehren wir uns dagegen, weil wir das Gefühl haben, der andere würde sagen, dass wir so, wie wir sind, nicht gut genug wären. Wir haben den Eindruck, dass der andere mit uns erst zufrieden ist, wenn wir uns ändern.

Echte Beziehungen entstehen, wenn sich zwei Menschen gegenseitig so annehmen, wie sie sind, einschließlich ihrer Unterschiede. Dann fühlen sie sich in der Beziehung sicher. Wenn sie sich sicher fühlen, sind sie oft motiviert, sich zu ändern. Sie wissen, dass sie so akzeptiert werden, wie sie sind, egal ob sie sich ändern oder nicht. Sie werden als die Person geschätzt, die sie sind, und nicht als jemand, der sie nicht sind.

Das heißt nicht, dass Sie das schlechte Verhalten eines Mannes entschuldigen müssten. Es bedeutet, zwischen dem Verhalten und der Veranlagung zu unterscheiden und zu erkennen, ob er etwas tut, weil er ein Mann ist, oder weil er es so will. Handelt er auf eine bestimmte Weise, weil er ein Mann ist, dann ist es einfach ein Teil von ihm. Wenn Sie das ändern wollen, werden Sie nur frustriert sein. Tut er etwas, weil er es so machen will, dann können Sie ihn immer noch nicht zwingen, sich zu ändern, aber Sie können Einfluss auf ihn nehmen.

2. Sie unterdrückt ihren Frust

Diese Reaktion ist nicht nur ineffektiv; sie ist schädlich. Es fängt mit einer leichten Verärgerung an und steigert sich im Laufe der Zeit zu einer großen Bitterkeit. Wenn wir uns dem Problem nicht stellen, werden wir es nie überwinden. Es setzt sich fest und wächst und eitert, bis unsere Einstellung immer negativer wird. Wir versuchen, so zu tun, als wäre alles in bester Ordnung, aber in unserem Inneren braut sich etwas zusammen.

Irgendwann genügt der kleinste Anlass und alles explodiert. Wir fühlen uns besser, aber alle anderen fragen sich: „Was war das jetzt?" Dabei wird viel Porzellan zerschlagen.

Das ist so ähnlich, wie wenn man eine Limonadendose schüttelt. In der Dose baut sich Druck auf, den aber niemand sieht. Schützende Wände sorgen dafür, dass der Druck innen bleibt. Doch wenn Sie die Dose öffnen, spritzt es in alle Richtungen.

Jeder von uns hat schon Situationen erlebt, in denen sich starke Gefühle (z. B. Ärger) tage- oder gar wochenlang angestaut haben. Wir sprechen mit niemandem darüber, und die Gefühle wachsen immer weiter. Wenn es zu Gesprächen kommen sollte, sind sie oft von einem leichten Sarkasmus begleitet, der erahnen lässt, welcher Druck hinter den Worten steht. Entscheiden wir uns, ehrlich und offen darüber zu sprechen, kann dieser Druck abgebaut werden. Oft genügt es, mit einem anderen Menschen darüber zu sprechen, was wir fühlen, damit die Macht, die dieses Gefühl über uns hat, abnimmt.

Jemand sagte einmal: „Wenn wir keine Fakten haben, erfinden wir welche, um unsere Vermutungen zu stützen." Das gilt für Frauen und für Männer. Sie sind frustriert, weil Ihr Partner etwas Bestimmtes tut, aber Sie sprechen nicht darüber. Sie deuten seine Motive durch die Brille einer Frau, auch wenn er vielleicht völlig andere Motive hat. Wahrscheinlich versucht er gar nicht, Ihr

Leben zu ruinieren. Wahrscheinlich ist ihm nicht einmal bewusst, was er macht.

Wenn wir annehmen, was ein anderer Mensch denkt oder fühlt, irren wir uns meistens. So einfach ist das. Wir sind nicht der andere, und wir haben nicht seinen Kopf. Deshalb können wir nicht wissen, was in seinem Kopf abläuft – es sei denn, wir fragen ihn.

Das führt uns zur dritten Möglichkeit.

3. Sie spricht mit ihm darüber

Das ist die einzige gesunde Reaktion, aber sie ist nur möglich, wenn eine Frau akzeptiert, dass Männer anders denken als Frauen. Dazu ist ein „klärendes" und kein „anklagendes" Gespräch nötig. Dieses Gespräch sollte schon stattfinden, bevor man anfängt, Vermutungen anzustellen.

Gefühle können deshalb zum Auslöser für ein solches Gespräch werden, weil sie uns signalisieren, dass etwas in der Beziehung geklärt werden muss. Wenn eine Frau nicht verstehen kann, warum ein Mann etwas tut, ist es ihr gutes Recht, ihn darauf anzusprechen.

Vielleicht wenden Sie ein: „Er reagiert aber frustriert, wenn ich versuche, mit ihm darüber zu sprechen. Er meint, dass ich nur an ihm herumnörgeln will."

Deshalb ist es so wichtig, *wie* Sie ihn ansprechen. Wenn es anschuldigend klingt, wird er automatisch in die Defensive gehen. Beschreiben Sie jedoch Ihr Anliegen und stellen Sie am Ende eine Frage, fasst er Ihre Worte als Zeichen für Respekt und Bestätigung auf.

Betrachten Sie, wie unterschiedlich diese zwei Sätze bei einem Mann ankommen:

„Du schaust immer auf dein Handy, wenn ich mit dir spreche. Dir ist dieses dumme Ding wichtiger als ich." (anschuldigend)

Wenn Sie es so formulieren, hat der Mann das Gefühl, etwas falsch gemacht zu haben. Er geht in die Defensive und ist nicht offen für das, was Sie sagen wollen.

„Du musst mir helfen, etwas zu verstehen. (Warten Sie auf seine Reaktion.)
Mir ist aufgefallen, dass du oft auf dein Handy schaust, wenn ich mit dir rede. Ich weiß nicht, wie ich damit umgehen soll. Denn ich habe das Gefühl, dass du abgelenkt bist oder dass dich nicht wirklich interessiert, was ich sage. Deute ich das falsch?" (beschreibend und mit einer Frage am Ende)

Im zweiten Fall bekommen Sie wahrscheinlich eher die Antwort, auf die Sie warten. Es gibt dafür natürlich keine Garantie, aber Sie leiten das Gespräch mit Respekt ein und sprechen an, was Sie fühlen, und nicht, was er tut. Vielleicht gibt er Ihnen nicht die Antwort, die Sie hören möchten, und sagt zum Beispiel: „Ich bin multitaskingfähig." Diese Antwort ist wahrscheinlich nicht richtig, aber Sie haben die Tür für weitere Gespräche geöffnet. Sie haben ihn mit Respekt behandelt, und Sie haben das getan, bevor die Gefühle eskalieren konnten. Sie können dieses Gespräch später als offenen Dialog fortsetzen.

Beeinflussen und gewinnen

Wir können andere Menschen nicht ändern. Wir können nur uns selbst ändern. Wenn wir Dinge anders angehen, beeinflussen wir dadurch andere und sorgen dafür, dass unsere Kommunikationskanäle offen bleiben. In diesem Fall entscheidet sich der andere vielleicht sogar, sich zu ändern.

Im Umgang mit den Unterschieden bei Männern sollten Frauen drei Dinge beachten:

1. Machen Sie sich bewusst, dass es wirklich Unterschiede gibt.
2. Werden Sie sich klar darüber, dass Ihr Mann anders ist als Sie, aber nicht falsch.
3. Entscheiden Sie sich, auf diese Unterschiede so zu reagieren, wie es Ihre Beziehung verdient.

Wenn ein Mann den Eindruck hat, dass eine Frau die Andersartigkeit des Mannes akzeptiert, ohne ihn ändern zu wollen, gibt ihm das einen sicheren Rahmen, in dem er sich ändern kann. Er möchte ja seiner Frau gefallen.

Wenn Ihr Mann begreift, was Sie unter Schmutz verstehen, fängt er vielleicht sogar an, ihn zu sehen.

IHR RITTER IN ROSTIGER RÜSTUNG

Ich hasse Richard Gere.

Nein, eigentlich schaue ich seine Filme gern an. Aber er macht es uns Männern ganz schön schwer, denn er schafft es, auf der Leinwand so romantisch zu sein. Er sieht gut aus, ist charmant und sagt im richtigen Moment mit dem richtigen Tonfall genau die richtigen Worte. Er ist der starke, schweigende Typ, der über alles die Kontrolle hat und weiß, wie man Frauen mit einem einzigen Blick und einem Lächeln verzaubert.

Er gibt mir das Gefühl, in puncto Romantik ein Versager zu sein.

Meine Frau und ich haben vor ein paar Jahren im Kino den Film *Darf ich bitten?* gesehen. Darin nimmt Richard Gere ohne das Wissen seiner Frau Tanzstunden, um sie zu überraschen. Der Film ist herrlich, denn er zeigt, wie sehr er seine Frau liebt und was er auf sich nimmt, um ihr eine Freude zu machen. Mit anderen Worten: Er nimmt Unterricht in Romantik.

Die Schlüsselszene findet in einem leeren Kaufhaus statt. Seine Frau ist misstrauisch und hegt den Verdacht, dass er sich in den Stunden, in denen er Tanzunterricht nimmt, mit einer anderen Frau trifft. Dann taucht er plötzlich auf. Seine Frau blickt ihm sprachlos entgegen, wie er in einem schwarzen Smoking, mit roter Krawatte und einer Rose aus dem Aufzug steigt.

Meine Frau hielt hörbar die Luft an. Ich fürchtete schon, dass sie ohnmächtig werden würde. Ich betrachtete die Szene und ihre Reaktion und dachte: *Okay, ich wäre ja auch gern so romantisch. Aber das bin ich einfach nicht. Das schaffe ich nie!*

Das ist der Punkt: Männer können der erfundenen, märchenhaften Darstellung von Romantik, die auf der Leinwand gezeigt wird, nie gerecht werden. Männer wissen über Romantik nur das, was sie sehen und hören, und das scheint einfach unerreichbar zu sein. Trotzdem können wir für unsere Frau so romantisch sein, dass es ihr den Atem verschlägt. Wir dürfen einfach nicht aufgeben.

Frauen wollen Romantik. Deshalb sind Liebesromane und Liebesfilme auch so beliebt. Sie geben Frauen Gelegenheit, stellvertretend durch die erfundenen Personen Romantik zu erleben. Auf der Website der amerikanischen Autoren sind die Top Ten der beliebtesten Themen in Liebesromanen zu finden:

1. Aus Freundschaft wird Liebe
2. Seelenverwandtschaft
3. Die Liebe bekommt eine zweite Chance
4. Heimliche Liebe
5. Erste Liebe
6. Starker Held / starke Heldin
7. Liebende, die sich wiederfinden
8. Dreiecksbeziehung
9. Sexy Millionär oder Milliardär
10. Widerspenstige Heldin

Es ist bezeichnend, dass diese Bücher zu 84 Prozent von Frauen zwischen dreißig und vierundfünfzig Jahren gelesen werden.

Jemand hat vermutet, dass jüngere Frauen immer noch hoffen, ihr Mann könnte sich ändern und romantischer werden. Ab dreißig geben sie diese Hoffnung auf und lesen lieber Romane.

Die Kehrseite

Die meisten Männer *wollen* romantisch sein. Aber wenn sie glauben, dass sie Gedichte schreiben, elegant tanzen und immer genau das Richtige sagen müssen, versuchen sie es erst gar nicht. Sobald sie sich an solchen Maßstäben messen, fühlen sie sich minderwertig. Solche Dinge kommen ihnen gekünstelt vor, und sie sind keine guten Schauspieler. Im Grunde sind sie zu ehrlich, um so zu tun, als wären sie etwas, das sie nicht sind.

Und was ist der Grund dafür? Die meisten Männer sind immer noch kleine Jungen, die Helden sein wollen. Doch wenn das bedeutet, dass sie sich romantisch benehmen müssen, ist ihnen das Risiko zu groß. Ein Mann hat Angst, ausgelacht oder kritisiert zu werden, wenn er „es nicht richtig macht". Er hat eine unrealistische Vorstellung von Romantik, weil ihm nie jemand gesagt hat, was Romantik wirklich bedeutet.

Jemand muss ihm zeigen, dass er allein dadurch, wie er ist, bereits alle Voraussetzungen für Romantik mitbringt. Niemand kann ihm dabei besser helfen als Sie. Seine Einzigartigkeit berührt das Herz einer Frau. In diese Einzigartigkeit hat sie sich verliebt. Er weiß das nicht und wird es nie herausfinden, wenn Sie es ihm nicht sagen.

Ich hatte neulich ein Gespräch mit einem Mann über die Beziehung zu seiner Frau. Ich sagte: „Was sollte Ihre Frau unbedingt von Ihnen wissen? Nennen Sie mir bitte eine einzige Sache." Er musste nicht lange überlegen: „Ich wünschte sehr, dass sie weiß, wie sehr ich sie liebe. Ich weiß einfach nicht, wie ich ihr das zeigen soll."

Solche Aussagen höre ich von Männern immer wieder. Sie empfinden tiefe Gefühle für die wichtigste Frau in ihrem Leben, aber sie haben das Gefühl, in puncto Romantik Versager zu sein. Die Gefühle sind irgendwo tief in ihrem Inneren verborgen und sie sind frustriert, wenn ihnen ihre Frau sagt, dass sie nicht romantisch genug wären. Sie wollen wirklich romantisch sein, aber sie wissen nicht, wie sie das anstellen sollen.

Was bedeutet „Romantik"?

Ich wollte wissen, wie Frauen Romantik definieren. Deshalb fragte ich mehrere Frauen aus meinem Bekanntenkreis, was für sie Romantik ist. Dabei bekam ich unter anderem Folgendes zu hören:

> *„Mir ist egal, was er macht, solange er mir damit zeigt, dass er mich liebt."*
>
> *„Ich wünsche mir, dass er mir hin und wieder sagt, dass er immer zu mir steht. Dass er zu mir hält, egal, was kommt."*
>
> *„Er nimmt mich so an, wie ich bin."*
>
> *„Er setzt ‚in guten wie in bösen Tagen' in seinem Leben um, denn ich bin manchmal nicht besonders liebenswert. Aber er hält trotzdem zu mir."*
>
> *„Er überrascht mich mitten am Tag mit einer Nachricht, in der er mir schreibt, dass er an mich denkt."*
>
> *„Wenn er auf einer Geschäftsreise einen schönen Sonnenuntergang sieht, macht er ein Foto und schickt es mir mit den Worten: ‚Ich wünschte, du wärst bei mir und könntest das sehen.'"*
>
> *„Er hält meine Hand, wenn wir einkaufen gehen."*
>
> *„Er erzählt mir, was ihn beschäftigt."*
>
> *„Er hat mit meinem Lippenstift ein kleines Herz auf den Badezimmerspiegel gemalt, damit ich es später sehe."*
>
> *„Er saugt Staub. Freiwillig!"*

„Er hält mich einfach ein paar Sekunden länger als nötig fest."

An dieser Liste haben mich zwei Dinge überrascht:

1. Keine Frau sprach von Schokolade, Schmuck oder Smoking mit roter Krawatte.
2. Es waren alles Dinge, die mir als Mann nicht peinlich wären.

Das bedeutet nicht, dass Frauen Geschenke nicht schätzen würden. Aber zum größten Teil geht es Frauen bei der Romantik darum, dass ihr Mann sie bewusst wahrnimmt und trotzdem ganz er selbst ist. Er sollte also seinen Radar auf seine Frau ausrichten und einfache Möglichkeiten finden, ihr zu zeigen, dass sie für ihn der wichtigste Mensch ist.

Die beste Definition von Romantik habe ich bei einer anonymen Quelle gefunden: „Du liebst jemanden nicht wegen seines Aussehens oder seiner Kleidung oder seines schönen Autos, sondern weil er ein Lied singt, das nur du hören kannst." Ein Mann kann zwar vielleicht nicht die Tonlage halten, aber *sein* Herz singt ein Lied, das *ihr* Herz berührt. Wenn er keine Gelegenheit bekommt, dieses Lied zu singen, vergisst er nach und nach den Text und die Melodie.

Ich wollte schon immer ein Lied für Diane schreiben. Ich dachte, es wäre herrlich, wenn ich meine Gefühle für sie in Worte fassen und dann jemanden finden könnte, der meine Worte in Musik kleidet. Aber ich schreibe keine Lieder. Wenn ich meine romantischen Fähigkeiten an einem selbst geschriebenen Liebeslied messen würde, schnitte ich schlecht ab.

Aber andere Menschen haben großartige Worte geschrieben,

die ich gern zu meiner Frau sagen würde. Mir ist klar geworden: Auch wenn ich selbst kein Liebeslied schreiben kann, so kann ich doch Lieder herunterladen und sie ihr schenken. „Wenn ich dir ein Lied schreiben könnte", sage ich dann zu ihr, „würde ich es so ausdrücken."

Ich habe noch andere kreative Möglichkeiten gefunden, die Gaben anderer Menschen für meine Zwecke zu nutzen. Grußkarten können teuer sein. Ich kaufe meiner Frau normalerweise eine zum Geburtstag und eine zu unserem Hochzeitstag. Früher fühlte ich mich verpflichtet, Karten, Blumen oder andere traditionelle Geschenke zu kaufen. Schließlich vermittelt uns die Werbung, dass Frauen das mögen. Aber ich hatte nie das Gefühl, wirklich romantisch zu sein, obwohl ich gern romantisch sein wollte.

Irgendwann haben wir darüber gesprochen, und Diane hat mir erklärt, wie sie es sieht: Nicht das, was ich gekauft habe, macht es für sie zu etwas Besonderem, sondern die Tatsache, dass ich an sie denke und mich bemühe, ihr meine Liebe zu zeigen. Das habe ich erst begriffen, als sie es mir sagte. Ihre Bestätigung hat mir geholfen, romantisch zu sein, ohne mich unter Druck gesetzt zu fühlen. Ich kann ganz ich selbst sein.

An besonderen Tagen (oder manchmal, wenn wir zufällig in einem Geschäft sind) verbringen wir ein paar Minuten vor den Ständern mit den Spruchkarten und suchen die perfekte Karte, die unsere Liebe zueinander zum Ausdruck bringt. Wenn wir sie gefunden haben, zeigen wir sie dem anderen, küssen uns und legen die Karte zurück. Die Botschaft kommt an und es macht uns beiden Spaß.

Ist das romantisch? Ich erwarte nicht, dass solche Szenen in einem Liebesfilm eingebaut werden. Aber es ist eine kleine, bewusste Geste, mit der ich meiner Frau zeige, dass ich sie liebe. Es ist etwas, das mir nicht peinlich ist, das meinem Temperament entspricht und das meine Frau freut. Es entspricht auch ihrer Art.

Warum hat uns das nie jemand gesagt? Wenn wir das schon früher gewusst hätten, täten wir uns schon lange viel leichter.

Die Flamme neu entfachen

Was kann frau tun, wenn die romantische Ader der meisten Männer aufgrund unrealistischer Maßstäbe gestört ist? Es gibt keine Erfolgsgarantie, aber trotzdem ist es ganz simpel: Sie müssen ihm klarmachen, was für *Sie* Romantik ist, und zwar so, dass er es glauben kann.

Das Wichtigste, was ein Mann von einer Frau braucht, ist Respekt. Untersuchungen haben ergeben, dass für einen Mann Respekt sogar noch wichtiger ist als Liebe oder Sex. Wenn ein Mann nicht das Gefühl hat, dass ihn seine Frau respektiert, verhungert er emotional.[7] Er weiß nicht, wie er damit umgehen soll. Deshalb wird er frustriert, denn seine Bedürfnisse werden nicht gestillt. Diese Frustration interpretiert die Frau vielleicht als Ärger, den sie wiederum nicht versteht, denn sie versucht schließlich, ihm ihre Liebe zu zeigen. Doch die Botschaft kommt bei ihm nicht an.

Erinnern Sie sich, dass Männer mit Unsicherheit kämpfen und alles tun, um sie zu vermeiden? Sie haben den natürlichen Drang, Erfolg zu haben, in jedem Bereich ihres Lebens Kompetenz zu zeigen und fühlen sich minderwertig, wenn das nicht der Fall ist.

Wenn ein Mann beruflich Erfolg hat, bringt ihm sein Chef Anerkennung entgegen und bezahlt ihn für seine Leistung. Wenn er in seiner Gemeinde oder Stadt angesehen ist und eine Führungsrolle einnimmt, hat er das Gefühl, dass er etwas erreicht hat. Andere Menschen sagen ihm, dass er etwas bewirkt. Gewinnt er jedoch den Eindruck, zu Hause als Ehemann, Liebhaber und Freund nicht kompetent zu sein, weil Sie ihm das nicht sagen, macht sich bei ihm Unsicherheit breit. Eine Unsicherheit, die viele Lebensbereiche beeinflußen kann.

Männer brauchen von ihren Frauen Bestätigung. Dadurch wird ihr Bedürfnis nach Respekt und persönlicher Sicherheit gestillt. Selbst wenn er viel Anerkennung genießt, bedeutet ihm das nichts, wenn er sich von seiner Frau nicht respektiert fühlt.

Ken Blanchard, Autor von *The One Minute Manager*, schreibt, wie wichtig es ist, „Menschen dabei zu erwischen, wenn sie etwas richtig machen"[8]. Er sagt, dass viele Angestellte nur etwas von ihrem Chef hören, wenn sie etwas falsch gemacht haben. Manchmal wird das als „Seemöwen-Management" bezeichnet: Der Chef taucht plötzlich auf, wühlt im Dreck, verschwindet wieder und hinterlässt Chaos. Ken Blanchard erklärt, dass ein einziger, ermutigender Satz sehr viel dazu beitragen kann, wie sich ein Mitarbeiter fühlt. Wenn er ermutigt wird, bekommt er Selbstvertrauen. Wenn er Selbstvertrauen hat, will er sein Verhalten wiederholen.

Das Gleiche trifft auch auf Männer zu. Bestätigen Sie Ihren Mann bei etwas, das er gut gemacht hat, wird er alles geben, um es auch in Zukunft wieder zu machen. Warum? Weil es ein so gutes Gefühl war, Ihre Bestätigung zu bekommen.

In gewissem Sinn wird Ihr Mann zu dem Menschen, den Sie in ihm sehen.

Mode war noch nie meine Stärke. Ich bin unsicher, was die Zusammenstellung von Farben und Mustern angeht. Aber hin und wieder trage ich ein Hemd und eine Krawatte, die offenbar gut zusammenpassen. Frauen, die ich nicht einmal kenne, haben mir dafür schon Komplimente gemacht, und ich habe danach dieselbe Kombination fast täglich angezogen.

Als ich vor ein paar Wochen durch die Sicherheitskontrolle am Flughafen ging, sagte eine Mitarbeiterin: „Diese Farbe passt gut zu Ihren Augen." Raten Sie mal, welches Hemd ich jetzt anziehe, wenn ich ein stärkeres Selbstbewusstsein haben möchte? Solche Aussagen bedeuten mir aber noch viel mehr, wenn sie von meiner Frau kommen, weil ich dann weiß, dass sie mich respektiert. (Wenn Männer schon auf die positive Bemerkung einer Flughafenmitarbeiterin reagieren, wie viel mehr löst dann die Bestätigung ihrer Frau bei ihnen aus!)

Natürlich ist Respekt viel mehr, als Männer in ihrer Kleiderwahl zu bestätigen. Sie können viel Einfluss ausüben, wenn Sie Ihren Mann „dabei erwischen", wie er in puncto Romantik etwas richtig macht. Halten Sie Augen und Ohren offen für die kleinen Dinge, die er tut und durch die Sie sich geliebt fühlen, und geben Sie ihm Feedback. Sagen Sie zum Beispiel: „Du hast gestern die Terrasse geschrubbt. Normalerweise mache ich das, aber es war wirklich sehr lieb von dir, dass du das übernommen hast. Ich weiß, dass es vielleicht komisch klingt, aber damit hast du mir das Gefühl gegeben, dass du mich liebst. Danke."

Als Mann kann ich Ihnen sagen, dass er danach wahrscheinlich jeden Tag die Terrasse schrubbt, weil Sie sein tiefes Bedürfnis, respektiert zu werden, gestillt haben. Wahrscheinlich fängt er an, andere Dinge zu suchen, die er tun kann, damit er in Zukunft eine ähnliche Reaktion von Ihnen ernten kann.

Erlauben Sie Ihrem Mann, nicht Richard Gere sein zu müssen. Erlauben Sie ihm, er selbst zu sein.

Gelegenheiten, Romantik zu schaffen

Wenn Sie Ihrem Mann erklären, wie für Sie Romantik aussieht, befreien Sie ihn von unnötigem Druck und erlauben ihm, Möglichkeiten auszutesten, die seiner Persönlichkeit und seinem Temperament entsprechen. Erwarten Sie nicht, dass über Nacht Wunder geschehen. Die gängigen Vorstellungen von Romantik haben sich durch die Gesellschaft und die Medien seit Jahren tief in uns eingeprägt. Ein Umdenken geschieht nicht automatisch, und es gibt keine Garantie dafür. Aber wenn Sie sagen, wie Sie sich persönlich Romantik vorstellen, ist das der schnellste Weg, wie Sie sein tief verwurzeltes Bedürfnis, für Sie wichtig zu sein, stillen können.

Es ist gar nicht so kompliziert, weil Männer nicht so kompliziert sind. Er wünscht sich den Respekt und die Bewunderung der wichtigsten Frau in seinem Leben. Wenn Sie ihn respektieren und bewundern, fühlt er sich wie ein Held, und das bedeutet, dass er eher bereit ist, heldenhafte Dinge zu tun.

Am Anfang einer Beziehung unternehmen die meisten Männer große Anstrengungen, um romantisch zu sein. Es sieht so aus, als konzentriere er seine ganze Aufmerksamkeit nur auf Sie. Er schenkt Ihnen Blumen, spricht stundenlang mit Ihnen und verzichtet auf Schlaf, um mehr Zeit mit Ihnen zu verbringen. Aus der Sicht einer Frau ist es eine logische Erwartung, dass er immer so sein wird. Schließlich ist das ein Teil von ihm, nicht wahr? Deshalb tut er doch diese Dinge. Aber mit der Zeit wird die lodernde Flamme kleiner und verwandelt sich in einen warmen Schein statt in ein helles Licht. Wenn Sie nichts unternehmen, kann es passieren, dass das Feuer ganz erlischt.

Am Anfang der Beziehung zwischen meiner Tochter und ihrem Mann wollte er sie zum Abschlussball einladen. Er bat um die Erlaubnis, in unser Haus zu kommen, während sie noch in der Schule war, damit er seine Einladung vorbereiten konnte. Ich kann mich nicht mehr an alles erinnern, aber zu seiner Einladung gehörten unter anderem ein großes Schild in ihrem Kleiderschrank, viele Schleifen und Bänder und eine lange Spur Schokoladenherzen von der Haustür durch das ganze Haus bis zu ihrer Schranktür.

Sie war beeindruckt und nahm seine Einladung an. Sie gingen miteinander zum Abschlussball. Ein paar Jahre später heirateten sie. Jetzt, fünfzehn Jahre und drei Kinder später, sieht ihre Beziehung ein wenig anders aus. Ich habe ihn vor einiger Zeit an damals erinnert und gefragt, ob er sie in letzter Zeit mit Schokoherzen überschüttet habe. Er schmunzelte: „Leider nicht. Außerdem würden der Hund oder die Kinder die Schokoherzen vernichten, bevor sie eine Chance hätte, sie zu sehen." Er liebt seine Frau von ganzem Herzen, aber ihre Beziehung sieht jetzt anders aus als vor fünfzehn Jahren.

Vielleicht denken Sie, ein Mann meine es nicht ehrlich, wenn er am Anfang einer Beziehung romantisch ist und später nicht mehr. Der Grund dafür ist aber eher der Aufbau seines Gehirns. Männer wollen erobern, sich mit anderen messen und gewinnen. Ein Mann möchte nicht egoistisch sein, aber wenn er sich zu einer Frau hingezogen fühlt, will er ihr Herz erobern. In dieser Phase schaltet er auf Wettkampfmodus und sein Können wird herausgefordert. Er tut, was er kann, damit er sie dafür gewinnt, eine Beziehung mit ihm einzugehen. Er ist zielgerichtet und entschlossen. Er will sie – im besten Sinne des Wortes – gewinnen.

Das Problem ist, dass die meisten Männer besser darin sind, etwas zu erobern, als es zu behalten. Haben sie das Herz einer Frau erst einmal gewonnen, ist aus Sicht der Männer das Ziel erreicht. Ihr Gehirn meldet, dass sie ihre Mission erfüllt haben und dass es Zeit wird, die nächste Herausforderung anzugehen. Das bedeutet nicht, dass ein Mann seine Frau jetzt weniger lieben würde; es bedeutet nur, dass er sich nicht mehr so sehr wie früher darauf konzentriert, sie zu umwerben.

Deshalb sollte eine Frau nicht überrascht sein, wenn ihr Mann sein Verhalten ändert, nachdem sie Ja gesagt hat. Sie sollte sich bewusst machen, dass er eine tiefe Liebe zu ihr empfindet, dass für ihn aber eine neue Phase der Beziehung begonnen hat. Die Eroberungsphase ist für ihn vorbei und die Bauphase wurde eingeläutet.

Andererseits bedeutet das nicht, dass er sich nicht bessern könnte. Eine Beziehung zu erhalten, liegt allerdings außerhalb seiner Komfortzone und er hat darin nicht viel Übung. In den meisten Fällen will er wirklich ein guter Partner sein und seiner Frau geben, was sie braucht. Da das aber Neuland für ihn ist, muss er sich bewusst anstrengen.

Somit wird er Fehler machen. Wenn Sie sich auf seine Fehler konzentrieren, wird er entmutigt. Lenken Sie Ihre Konzentration jedoch auf seine Bemühungen, zu lernen und es richtig zu machen, wird er ermutigt, sich zu bessern.

Sie empfinden es zum Beispiel als romantisch, wenn er mit Ihnen einkaufen geht. Er hasst Einkaufen. Sie haben ihm erklärt, wie viel Ihnen ein gemeinsamer Einkaufsbummel bedeuten würde, also geht er mit. Wenn er eine mürrische Miene macht, sind Sie vielleicht frustriert. Statt ihm das zu zeigen, sollten Sie lieber sagen: „Ich weiß, dass dir das keinen großen Spaß macht und du lieber tausend andere Dinge tun würdest. Es dauert nicht lang. Aber es bedeutet mir sehr viel, dass du trotzdem mitgekommen bist. Für mich ist das romantisch, weil du mir damit zeigst, dass ich dir wichtig bin."

Wahrscheinlich ändert das im Moment nichts an seiner mürrischen Laune, aber Ihre Worte bleiben bei ihm hängen. Ein paar Wochen später lädt er Sie ein, mit ihm einkaufen zu fahren. Allerdings steuert er auf den Baumarkt zu. Ihnen liegt auf der Zunge: „Netter Versuch, aber falscher Ort. Das ist überhaupt nicht romantisch."

Sehen Sie die Sache bitte mit seinen Augen: Er versucht, das zu machen, worum Sie ihn gebeten haben, nämlich gemeinsam einkaufen zu gehen. Er geht gern in den Baumarkt und findet, dass das eine Gelegenheit ist, mit Ihnen zusammenzusein und dabei etwas zu unternehmen, das ihm Spaß macht. Erkennen Sie seine Bemühungen an und genießen Sie den Einkauf als eine gemeinsame Unternehmung.

Diane hat meine Begeisterung für den Baumarkt erkannt. Wenn wir gemeinsam dorthin fahren, ist das immer ein besonderes Ereignis. Ich halte ihr die Autotür auf, und wir schlendern Hand in Hand durch den Baumarkt. Ich bin mit meiner Lieblingsfrau in meinem Lieblingsgeschäft. Viel besser geht es nicht.

Der Schlüssel bei der Romantik ist Kommunikation. Ein Mann kann die Gedanken einer Frau nicht lesen und sie kann seine nicht lesen. Wenn wir Vermutungen anstellen, welche Motive ein anderer haben könnte, ohne ihn zu fragen, sind wir am Ende fast immer frustriert. Wir können nur herausfinden, was ein anderer Mensch denkt, wenn wir ihn fragen, und das sollten wir in einer sicheren Umgebung tun.

Was bedeutet „sicher"? Wenn eine Frau einen Mann bittet, ihr zu sagen, was er denkt, ist das für ihn riskant. Wahrscheinlich lässt er sich auf das Risiko ein, aber ihre Reaktion entscheidet darüber, wie viel er in Zukunft riskieren wird.

Wenn sie sich verteidigt, diskutiert oder ihren Standpunkt erklären will, sobald er ihr seine Gedanken mitteilt, ist die Situation für ihn nicht mehr sicher. Er macht dicht, weil sie ihm nicht wirklich zuhört. Sicher fühlt er sich dann, wenn sie ihn ehrlich verstehen will und ihm Fragen stellt, statt ihm ihre Sicht darzulegen. Er lernt, dass er ihr seine Gefühle anvertrauen kann, weil sie bei ihr sicher sind.

In einer solchen Umgebung kann Kommunikation reifen. Wenn die Kommunikation reift, reift auch die Beziehung. Eine ehrliche Kommunikation ist nicht immer leicht, und es wird immer Dinge geben, die unangenehm oder chaotisch sind.

Das macht aber nichts. Eine chaotische, ehrliche, sichere Kommunikation wird zu einem fruchtbaren Boden, auf dem Romantik wachsen kann.

Ihr Mann kann vielleicht viel romantischer sein, als Sie ahnen.

WAS ER WIRKLICH WILL

Bevor Sie dieses Kapitel lesen, muss ich etwas richtigstellen.

Als meine Frau es gelesen hatte, sagte sie: „Wenn ich dich nicht besser kennen würde, könnte ich meinen, dass sich immer nur die Frau ändern müsste, damit die Beziehung zu ihrem Mann besser wird. Deine Leserinnen werden denken: ‚Warum soll nur ich mich ändern? Was ist mit ihm? Das hört sich an, als wäre ich für alles verantwortlich und er müsste überhaupt nichts dazu beitragen!‘"

Das ist keineswegs meine Absicht. Es geht mir nicht um einseitige Schuldzuweisungen. Selbstverständlich gibt es Dinge, an denen Männer in Beziehungen arbeiten müssen.

Aber dieses Buch ist kein Ehe- oder Beziehungsratgeber mit Tipps, wie man einen anderen Menschen ändern kann. Mein Buch will Ihnen helfen, Ihren Mann zu *verstehen*. Wir erkunden, was im Kopf eines Mannes geschieht und wie sich das auf seine täglichen Entscheidungen auswirkt. Mein Ziel ist es, mit Ihnen einen Erkundungsgang zu unternehmen und Sie auf interessante Details hinzuweisen. Wenn Sie diese Details erkennen, können Sie – auf Ihre persönliche, konkrete Situation angepasst – Entscheidungen treffen, wie Sie mit dem Mann in Ihrem Leben umgehen wollen. Behalten Sie das beim Lesen dieses Kapitels und der folgenden Kapitel bitte im Hinterkopf. Verstehen Sie mich nicht falsch: Ich will den Mann nicht freisprechen. Ich möchte Ihnen einfach helfen, ihn richtig zu verstehen.

Es gibt viele Klischees über Männer:

- Sie hören Frauen nicht zu.
- Sie haben keine Gefühle.
- Sie fühlen sich von unabhängigen Frauen bedroht.
- Sie denken an nichts anderes als an Sex.
- Sobald sich ihnen eine Gelegenheit bietet, betrügen sie ihre Frau.
- Sie haben Bindungsangst.
- Sie hängen lieber mit ihren Freunden ab.

Woher kommen diese Klischees? Und sind sie wahr?

Wenn sich Frauen verabreden, sprechen sie vielleicht über die Männer in ihrem Leben. Möglicherweise sind sie von etwas, das ihr Mann getan hat, frustriert, und sie versuchen, seine Beweggründe zu verstehen. Glauben sie diesen Klischees, dann sagen sie vielleicht:

> *„Er ist ein Mann. Was soll man anderes erwarten?"*
> *„Er kann das einfach nicht. So sind Männer nun einmal."*
> *„Männer! Man kann nicht mit ihnen, aber man kann auch nicht ohne sie."*

Wie sollte eine Frau auf solche Aussagen reagieren? Sie sollte diese Klischees infrage stellen und prüfen, ob sie auf ihren Mann zutreffen. Dazu sollte sie mit ihm gemeinsam diese Klischees unter die Lupe nehmen. Sowohl Frauen als auch Männer wollen eine echte

Beziehung und keine, in der sie in eine bestimmte Rolle schlüpfen müssen. Eine echte Beziehung kann wachsen, wenn eine Frau zusammen mit ihrem Mann herausfinden möchte, wer er wirklich ist, wie einzigartig er ist und wie er wirklich denkt. Wie funktioniert das?

Die Mauern einreißen

Männer wollen von Frauen nicht in eine Schublade gesteckt werden. Aber die meisten hören diese Klischees schon ihr Leben lang. Es gibt sicher Männer, die diese Klischees als Ausrede benutzen: „Ich bin ein Mann. So bin ich nun einmal." Doch tief in ihrem Inneren wissen sie, dass diese Rollenbilder nicht stimmen. Ihnen fällt nur nichts ein, das sie darauf erwidern könnten. Deshalb schweigen sie lieber.

Das fängt schon auf dem Spielplatz an, wo den meisten Jungen gesagt wird, dass sie ihre Gefühle nicht zeigen sollen.

Kai ist erst acht, aber er kennt schon das Gefühl, als „Mädchen" beschimpft zu werden. Wenn er Gefühle zeigt, bekommt er von seinen Freunden (oder sogar von seinem Vater) zu hören, dass er sich „wie ein Mann" benehmen solle. Er versucht herauszufinden, wie sich ein Mann benimmt, und beobachtet andere Jungen und wie sie reagieren. Er unterdrückt seine natürlichen Gefühle, um „als Mann" wahrgenommen zu werden.

Deshalb gibt es viele Jungen, die nicht zeigen, dass sie verwundbar sind. Diese Jungen wachsen zu Männern heran, die nicht zeigen, dass sie verwundbar sind. Das ist schade, denn ihre Verwundbarkeit fördert ihre Beziehungsfähigkeit zu Frauen. Die Verwundbarkeit steckt tief in ihrem Inneren, aber sie bringen sie nicht zum Ausdruck. Wenn Frauen aber keine Gefühle sehen, schlussfolgern sie, dass Männer im Allgemeinen einfach keine Gefühle haben.

Es wird höchste Zeit, diese Geschlechterklischees unter die Lupe zu nehmen und herauszufinden, ob sie wahr sind. Aber wie? Durch ein „sicheres" Gespräch mit Ihrem Mann über Männer.

In diesem Zusammenhang bedeutet „sicher", dass Sie einige dieser Klischees mit ihm gemeinsam betrachten, aber nicht so reagieren, dass die Klischees verstärkt werden. Fängt ein Mann vorsichtig an, seine Verwundbarkeit zu zeigen, und die Frau reagiert übertrieben, zieht er sich sofort in sein Schneckenhaus zurück und kommt so schnell nicht wieder heraus.

Wenn Sie diesen Klischees auf den Grund gehen, ist er am Anfang vielleicht misstrauisch. Aber tief in seinem Inneren will er, dass Sie die Wahrheit über ihn wissen. Hat ein Mann die Chance, seiner Frau verständlich zu machen, was er braucht, macht ihn das frei, etwas zu tun, was er in der Vergangenheit nur selten gemacht hat. Wenn Sie die sichere Person sind, bei der er das macht, wächst Vertrauen und Ihre Beziehung vertieft sich.

Die Klischees kennen Sie bereits. Jetzt wollen wir wissen: Was möchten Männer Frauen über sich sagen?

Die 14 wichtigsten Bedürfnisse von Männern

Durch jahrelange Untersuchungen und Gespräche mit Männern habe ich herausgefunden, dass sich bestimmte Themen wiederholen. Es geht darum, Klischees zu durchbrechen und Frauen zu zeigen, was wirklich in Männern vorgeht. Die Punkte, die ich von Männern am häufigsten höre, habe ich im Folgenden zusammengestellt. Männer würden ihrer Frau gern sagen:

1. Komm bitte zur Sache und sag, was du möchtest

Ich will wirklich wissen, was du denkst. Aber manchmal verliere ich die Geduld, weil du eine Situation so ausschweifend beschreibst. Es wäre für mich viel leichter, wenn du schneller auf den Punkt kämest. Das heißt nicht, dass mich nicht interessieren würde, was du sagst. Es dauert nur so lange.

Ich bin kein Gedankenleser. Ich weiß also nur, was du willst, wenn du es mir sagst. Versuche nicht, mich zu manipulieren, damit ich aus Schuldgefühlen heraus etwas Bestimmtes mache. Sag einfach geradeheraus, was du willst. Sag mir so einfach wie möglich die Wahrheit. Glaube nicht, es würde mich nicht interessieren. Geh davon aus, dass es mich interessiert, und gib mir eine Chance, mit dir der Sache auf den Grund zu gehen.

2. Ich liebe es, wenn du mir deine Gefühle aufrichtig zeigst

Ich will nicht, dass du deine Gefühle unterdrückst oder sie vor mir versteckst. Mir ist wichtig, wie du mit deinen Gefühlen umgehst. Ich liebe deine Gefühle und will sie sehen – solange sie nicht völlig außer Kontrolle geraten. Wut, Traurigkeit und starke Gefühle sind ein Teil von dir, und ich will bei dir sein, wenn du diese Gefühle hast. Aber ich weiß nicht, was ich tun soll, wenn du explodierst.

Das heißt nicht, dass du keine starken Gefühle haben oder zum Ausdruck bringen dürftest. Aber ich kann besser darauf reagieren, wenn du gelernt hast, deine Gefühle so zu äußern, dass du mich dabei nicht angreifst. Männer respektieren Frauen, die mit ihren Gefühlen weise umgehen.

3. Ich will, dass du unabhängig bist

Jemand hat einmal gesagt: „Zwei halbe Menschen machen noch keine ganze Beziehung aus." Ich muss ein vollständiger Mensch mit einer stabilen Persönlichkeit sein, und mir ist wichtig, dass du das auch bist. Ich will, dass du mich brauchst, aber nicht, dass du von mir abhängig bist.

Die meisten Männer wollen keine Beziehung mit einem schwachen Menschen, damit sie sich selbst stärker fühlen können. Es gibt bestimmt herrschsüchtige Männer, die so sind, aber wir sprechen hier von Männern mit einer stabilen Persönlichkeit. Eine solche Einstellung ist nicht gesund. Selbstsichere Frauen inspirieren Männer. Gib deine Interessen nicht auf, um bei mir zu sein, aber wenn du bei mir bist, dann sei ganz bei mir.

Es beeindruckt mich, wenn du unabhängig von mir dein eigenes Leben hast. Das sagt mir, dass du mich bewusst als deinen Partner ausgewählt hast, und wir beide bringen unsere stabile, gesamte Persönlichkeit in unsere Beziehung ein.

Einfach ausgedrückt: Es ist für mich wichtig, dass du dich selbst magst. Dann ergibt es sich ganz von selbst, dass ich dich respektiere.

4. Behandle mich freundlich

Viele Frauen trauen sich nicht, ihrem Mann ehrlich zu sagen, was sie fühlen, weil sie seine Reaktion fürchten. Diese Zurückhaltung ist in vielen Fällen begründet, weil Männer ziemlich unsensibel sein können. Wenn sie nicht viel Übung darin haben, Gefühle zu zeigen, greifen sie automatisch auf ein Gefühl zurück, das ihrer Meinung nach für einen Mann akzeptabel ist. Das ist häufig Ärger (der sich oft als Sarkasmus oder Rückzug äußert).

Egal, wie ein Mann reagiert, er ist trotzdem immer noch ein Mensch. Menschen reagieren auf andere so, wie sie selbst behandelt werden. Wenn jemand freundlich auf uns zugeht, fällt es uns leichter, auch freundlich zu reagieren. Ist jemand sarkastisch, dann reagieren wir oft auch sarkastisch. Deshalb hat König Salomo gesagt: „Eine freundliche Antwort vertreibt den Zorn" (Sprüche 15,1).

In einer Beziehung interessieren sich ein Mann und eine Frau füreinander. Sonst wären sie nicht zusammengekommen. Wenn sie sich so füreinander interessieren und ihnen der andere so wichtig ist, dass sie zusammen sind, ist es dann nicht auch logisch, ihn mit Freundlichkeit und Respekt zu behandeln?

Je mehr Wert etwas hat, umso vorsichtiger gehen wir damit um. Mit einem teuren Kristallkelch gehen wir anders um als mit einer Plastiktasse. Wenn du freundlich bist, kann Vertrauen wachsen.

5. Ich reagiere auf Lob

Einige Frauen meinen, es wäre falsch, ihren Mann zu loben, weil sie damit ein schlechtes Verhalten verstärken würden. Wenn eine Frau frustriert ist, sieht sie vielleicht nur das Schlechte. In ihrer Frustration konzentrieren sich ihre Worte auf Dinge, die ihr Mann falsch gemacht hat, und sie ignoriert, was er richtig macht.

(Echtes) Lob ist der Kraftstoff, der uns Männer antreibt. Wenn wir nur Kritik hören, macht uns das selbst kritisch. Aber wenn Männer Lob hören, wächst ihr Selbstvertrauen.

Das Lob, das ich von dir bekomme, bedeutet mir viel mehr als das Lob von allen anderen. Dein Lob ist das Lob, das wirklich zählt.

Du musst keine große Sache daraus machen. Sag es mir einfach, wenn du mitbekommst, wie ich etwas richtig mache. Das weckt in mir den Wunsch, es zu wiederholen.

Besonders große Wirkung hat dein Lob, wenn du meinetwegen frustriert bist (und ich das weiß), mich aber trotzdem für etwas Positives lobst, das ich gemacht habe. „Ich bin im Moment wegen dieser Situation wirklich gereizt. Aber als wir darüber gesprochen haben, wie sehr sich meine Schwester in unser Leben einmischt, hast du mir zugehört. Du hast nicht versucht, die Sache in Ordnung zu bringen oder zu erklären; du hast mir einfach zugehört. Ich hatte das Gefühl, dass du mich wirklich gehört hast. Das hat mir gutgetan. Danke. Aber jetzt zu dieser anderen Sache …"

Eine solche Reaktion kann viel Positives bewirken, denn sie kommt unerwartet, und wenn diese Worte nicht ehrlich wären, hättest du sie in dieser Situation bestimmt nicht gesagt.

Unser Gehirn ist für ehrliches Lob empfänglich. Übersieh das nicht.

6. Ich will dich nicht betrügen

Viele Frauen meinen, ein Mann würde sie betrügen, sobald er Gelegenheit dazu hat. Aber das stimmt einfach nicht. Wir Männer sind zwar so veranlagt, dass uns andere Frauen auffallen. Ich bin aber mit dir in einer Beziehung, weil ich will, dass du diejenige bist, die mich zufriedenstellt. Wenn unsere Beziehung mühsam ist, bin ich wahrscheinlich anfälliger, aber wenn unsere Beziehung gut läuft, gehe ich nicht fremd. Ich weiß, dass wir reifen, wenn wir an unserer Beziehung arbeiten.

Jeder normale Mann hat den starken Wunsch nach Treue. Er schätzt Treue und wird sich bemühen, seiner Frau treu zu bleiben. Gleichzeitig ist es wichtig, dass du mich auch nicht betrügst. Wir Männer möchten ein Vertrauen, das durch gegenseitige Hingabe entsteht. Das ist mein aufrichtiger Wunsch. Deshalb habe ich eine Beziehung mit dir angefangen. Wenn du meine Freundin bist, gehe ich zu anderen Frauen auf Distanz, damit ich meine Aufmerksamkeit auf unsere Beziehung richten kann. Wenn wir verheiratet sind, will ich, dass wir eine lebenslange Verbindung haben.

Das bedeutet nicht, dass Männer nie auf Abwege geraten würden. Das passiert öfter, als wir zugeben wollen. Aber es ist nicht unsere Absicht. Jeder normale Mann will seine Frau nicht betrügen und unternimmt alle nötigen Vorkehrungen, damit das nicht passiert. Wenn die Hingabe auf Gegenseitigkeit beruht, wächst dadurch das Vertrauen, das den Stürmen einer Beziehung standhält.

7. Ich wünsche mir, dass du verspielt bist

Niemand geht eine Beziehung ein, weil er sich langweilen möchte. Die meisten Männer sind gern aktiv. Sie unternehmen lieber etwas, als nur zu reden. Sie sind mit Spielen aufgewachsen; das ist ein Teil ihrer Persönlichkeit. Wenn eine Frau verspielt ist, hat sie damit die Geheimtür zum Herzen ihres Mannes gefunden.

Ein Mann findet die Erlebnisse, die er mit einer Frau hat, faszinierender als das, was sie sagt. Wenn sie die Fantasie eines Mannes anregen will, hat eine Frau, die etwas „tut", eine größere Wirkung als eine Frau, die „redet". Männer haben gern Spaß, und sie haben ihn gern mit ihrer Frau. Geht ein Mann eine Beziehung mit einer Frau ein und sie ist nicht verspielt, dann ist es mit dem Spaß vorbei. Wenn diese Beziehung ermüdend wird, tankt er daraus nicht mehr die Energie, die er braucht.

Verspieltheit bedeutet nicht nur, gemeinsam etwas zu unternehmen. Spaß und Unterhaltung sollen die gesamte Beziehung durchdringen. Wenn eine Frau die Beziehung genießt, gibt sie damit ihrem Mann das, was er braucht, um sich wohlzufühlen.

Frauen sind meistens verantwortungsbewusster und organisierter. Sie planen ihre Wochen und ihre Tage und erstellen für jeden Tag eine Liste. Wenn sie an einer Sache arbeiten, springen sie in Gedanken schon zu den drei Dingen weiter, die sie nach Erledigung dieser Aufgabe tun werden.

Ein Mann ist oft spontaner (vielleicht ist *impulsiv* zutreffender). Wenn er Lust hat, essen zu gehen, überrumpelt er seine Frau vielleicht damit. „Aber ich habe schon den Hackbraten aufgetaut, der letzte Woche übrig geblieben ist. Gehen wir lieber ein anderes Mal aus." Es muss nicht jedes Mal sein, aber gelegentlich sollte eine Frau sagen: „Ich hatte eigentlich vor, dass es heute ein Resteessen gibt, und ich habe es schon aufgetaut. Aber mit dir auszugehen, wäre eine nette Abwechslung. Machen wir es. Die Reste gibt es dann morgen Abend."

Einem Mann macht das Spaß. Wenn er weiß, dass seine Frau etwas geplant hat und sie ihre Pläne aufgibt, um mit ihm spontan zu sein, bedeutet ihm das sehr viel. Damit sagt sie ihm, dass er ihr wichtiger ist als der Hackbraten. Und er kann in der Beziehung auftanken.

8. Ich brauche Leidenschaft

Es stimmt, dass Männer ein starkes Bedürfnis nach sexueller Erfüllung in einer angemessenen Beziehung haben. Es ist mehr als ein Wunsch; es ist ein Bedürfnis. Leidenschaft ist etwas anderes. Leidenschaft bedeutet für einen Mann, dass seine Frau sich emotional stark zu ihm hingezogen fühlt. Er will begehrt werden. Untersuchungen haben sogar ergeben, dass Männer mehr Angst vor einer Beziehung ohne Leidenschaft haben als davor, sich zu binden.

Ich weiß, dass du mich liebst. Aber ich sehne mich auch danach, dass du mich attraktiv und sympathisch findest. Natürlich gibt es herausfordernde Zeiten, in denen wir beide gereizt sind. Aber Beziehungen werden eingegangen, weil sich zwei Menschen zueinander hingezogen fühlen, und sie haben Bestand, weil sich zwei Menschen zueinander hingezogen fühlen. So verstehe ich Leidenschaft. Sie ist der Treibstoff, der dafür sorgt, dass ich mich weiterhin auf dich konzentriere. Leidenschaft lässt sich nicht vorspielen. Wenn du Leidenschaft heuchelst, erkenne ich das sehr schnell.

Du kannst darin, wie du deine Leidenschaft ausdrückst, kreativ sein, aber ich empfinde einfach Leidenschaft für dich. Und es ist für mich wichtig, dass du für mich das Gleiche empfindest.

9. Ich habe tiefe Gedanken und tiefe Gefühle

Es wird allgemein angenommen, dass Männer keine Gefühle hätten. Das stimmt aber nicht. Männer wissen, was sie denken und was sie fühlen, aber sie sind zurückhaltender, wenn es darum geht, über ihre Gedanken und Gefühle zu sprechen. Sie sind da, und sie sind echt. Frauen sollten sich das bewusst machen und vorsichtig damit umgehen. Die Gefühle eines Mannes sind aufgrund früherer Erfahrungen zerbrechlich.

In ihrer Kindheit und Jugend bekommen Jungen (manchmal von den Eltern, aber auf jeden Fall von Gleichaltrigen) eingebläut, dass sie nie weinen dürften. Deshalb haben sie sich antrainiert, keine Gefühle zu zeigen.

In einer sicheren Beziehung zu einer Frau nimmt ein Mann wahrscheinlich seinen Schutzpanzer ab. Er hält sozusagen die Zehen ins Wasser, um zu testen, wie kalt es ist. Wenn ein Mann einer Frau sagt, dass er Angst hat, beobachtet er sie und wartet, wie sie reagiert. Ist ihre Reaktion ungefährlich, dann fällt es ihm leichter, sich in Zukunft verwundbar zu zeigen. Fühlt er sich aber nicht sicher, zieht er sich weiter in sich zurück.

Ich habe echte Ängste. Versuche nicht, sie mir ausreden zu wollen. Hör mir einfach zu. Nicht, weil du mir zustimmen oder etwas bei mir in Ordnung bringen willst, sondern weil du mich verstehen und zu mir halten möchtest. Versichere mir, dass du zu mir stehst, damit ich mich meiner Angst nicht allein stellen muss. Wenn ein Mann von seiner Frau Verständnis bekommt, ist das ein seltenes Geschenk.

10. Ich brauche deinen Respekt und deine Bewunderung

Respekt gehört zu den wichtigsten Bedürfnissen eines Mannes. Wenn eine Frau einem Mann zeigt, dass sie an ihn und an seine Ideen glaubt, gibt sie ihm das Gefühl, wichtig zu sein.

Ja, es stimmt, manchmal habe ich verrückte Ideen. Aber statt nur darauf zu schauen, warum diese Ideen unrealistisch sind, wünsche ich mir, dass du sie mit mir weiterspinnst. Ermutige mich in meinem Denken. Und ermutige mich, wenn ich meine Energie einsetze, um etwas Großes zu leisten, selbst wenn du dir deshalb Sorgen machst.

Wenn du respektierst, wie ich denke, spüre ich deine Unterstützung. Spüre ich deine Unterstützung, dann fühle ich mich sicher genug, um verrückte Ideen nach einer Weile wieder aufzugeben. Ich muss nur wissen, dass du auf meiner Seite bist.

Achte darauf, ob ich etwas gut mache, und sag es mir. Mir ist es wichtig, dass du mich „bedingungslos magst". Ich möchte erfahren, dass du mich respektierst, einfach weil ich so bin, wie ich bin. Wenn du mich diese Dinge spüren lässt, verstärkt das bei mir das Gefühl, respektiert zu werden.

11. Ich brauche die Gemeinschaft mit dir

Ich mag dich. Wenn ich mit dir in einer Beziehung bin, will ich bei dir sein. Manchmal heißt das, dass ich mit dir sprechen will, aber es kann auch heißen, einfach mit dir ein Fußballspiel im Fernsehen anzuschauen.

Ja, ich will meine Unabhängigkeit und ich will Zeit haben, um mich mit meinen Kumpels zu treffen. Aber ich brauche auch Zeit, um einfach bei dir zu sein. Wenn wir zusammensitzen, ohne zu reden, tanke ich auf. Das ist für mich genauso wichtig, wie mit dir zu sprechen.

Ich bin keine Beziehung mit dir eingegangen, weil ich allein sein möchte. Ich will in einer einfachen, sicheren Umgebung erfahren, wer du bist.

12. Ich brauche Ermutigung

Manchmal bin ich vielleicht schlecht drauf, aber ich spreche nicht unbedingt darüber. Du merkst das, weil dir auffällt, dass ich stiller bin als sonst – ich antworte nicht, ich spiele nicht mit den Kindern oder ich will nicht aus dem Haus gehen.

Wenn du mich in diesen Phasen ermutigst, habe ich das Gefühl, jede Situation bewältigen zu können. Hilfst du mir in solchen Situationen, werde ich alles für dich tun. Wenn ich im Dickicht stecken bleibe, tut es gut zu wissen, dass du hinter mir stehst. Deine Unterstützung macht es leichter, Dinge auszuprobieren, weil du mir eine weiche Landung ermöglichst, falls ich es nicht schaffe.

13. Es ist wichtig für mich, dass du mit mir flirtest

Wenn mein Selbstvertrauen angeknackst ist, füllt ein verspielter Flirt meinen Tank wieder auf. Ein schelmisches Lächeln oder eine zärtliche, kurze Berührung bringt dieses Selbstvertrauen ganz schnell zurück. Ich fühle mich dann wieder lebendig, weil du mich so sehr liebst, dass du so etwas machst. Andere Frauen flirten auch mit mir, und das ist reizvoll. Aber andere Frauen interessieren mich viel weniger, wenn ich mit dir flirten kann.

14. Ich brauche Dank

Männer spielen viele verschiedene Rollen. Es bedeutet mir deshalb sehr viel, wenn du mir sagst, dass ich meine Sache gut mache. Ich bekomme für das, was ich tue, nicht viel Anerkennung. Deshalb bedeutet es mir so viel, wenn ich sie von dir bekomme. Wenn dir auffällt, dass ich etwas für dich gemacht habe, wie zum Beispiel den Tisch abzuräumen oder dein Auto aufzutanken, dann sag einfach Danke. Niemand mag es, wenn seine Taten als selbstverständlich hingenommen werden. Wenn ich Dankbarkeit ernte, weckt das in mir den Wunsch, etwas noch mal zu machen.

Du kannst mich auch gern „hinter meinem Rücken" loben. Gib vor anderen mit mir an, wenn ich nicht dabei bin. Irgendwann kommt es mir zu Ohren, und ich genieße dieses Kompliment.

Die Sprache der Männer – Teil 1

Um Ihren Mann wirklich zu verstehen, müssen Sie sich bewusst machen, dass er eine andere Sprache spricht als Sie. Wenn Sie mit ihm sprechen, wie Sie mit einer anderen Frau sprechen würden, versteht er Sie vielleicht nicht. Es ist wichtig, Formulierungen zu wählen, die er verstehen kann.

Wenn Sie wollen, dass er Ihnen hilft, sollten Sie nicht sagen: „Ich bin es so leid, die Küche aufzuräumen." Sie hoffen, dass er den Wink mit dem Zaunpfahl versteht und Ihnen hilft. Das tut er aber nicht, denn er denkt in diesem Moment, Sie würden ihm einfach eine Tatsache mitteilen. Bitten Sie ihn konkret. „Könntest du bitte heute Abend die Spülmaschine ausräumen? Dafür wäre ich dir sehr dankbar."

Teilen Sie ihm konkret mit, was Sie fühlen. Untermalen Sie Ihre Worte nicht mit Sarkasmus. Statt zu sagen: „Du hörst mir nie zu. Was ist mit dir los?", könnten Sie es mit „Ich bin wirklich frustriert, wenn wir miteinander sprechen und du mir keine Antwort gibst" versuchen.

Statt: „Du gehst immer mit deinen Freunden weg und lässt mich allein zu Hause" wäre eine bessere Alternative: „Es freut mich, dass du dich mit deinen Freunden triffst.

Ich gehe morgen Abend mit meinen Freundinnen aus. Du könntest deine Freunde doch morgen Abend zum Fußballschauen einladen."

Er ist es gewohnt, dass Sie „Ich liebe dich" sagen. Mit diesem Satz rechnet er und dafür ist er auch dankbar. Versuchen Sie es einmal mit: „Weißt du was? Ich mag dich heute wirklich besonders gern." Das ist unerwartet und erregt auf tieferer Ebene seine Aufmerksamkeit.

Wenn Sie viel zu tun haben und er das weiß, dann legen Sie eine Pause ein, um einfach bei ihm zu sein. Sagen Sie: „Bei mir ist im Moment so viel los. Ich brauche unbedingt ein paar Minuten mit meinem besten Freund." Dem kann kaum ein Mann widerstehen.

Die Sprache der Männer – Teil 2

Ein Sprichwort lautet: „Wahnsinn ist, immer wieder das Gleiche zu tun und unterschiedliche Ergebnisse zu erwarten."

Wenn Ihre Art, mit Ihrem Mann zu sprechen, nicht funktioniert, sollten Sie vielleicht anfangen, darüber nachzudenken, woran das liegen könnte. Haben Sie erst mal eine konkrete Vorstellung davon, was in seinem Kopf abläuft, dann können Sie versuchen, auf eine andere Art zu ihm durchzudringen.

Gehen Sie davon aus, dass er Sie wirklich liebt und Ihnen gefallen will. Er weiß aber nicht, wie er das anstellen soll, weil er eine negative Reaktion geerntet hat, als er es das letzte Mal versuchte. Er fühlt sich wie ein Versager und greift auf unangemessene Verhaltensweisen zurück, um sich zu schützen.

Es gibt einige Kommunikationsstrategien, mit denen Sie ihm helfen können, in einem geschützten Rahmen anders zu reagieren:

Konzentrieren Sie sich auf Lösungen. Wenn Sie sich auf Ihre Kommunikationsprobleme konzentrieren, fühlt sich ein Mann oft bedroht. Der weibliche Verstand fügt Dinge schneller zusammen als der männliche, und er zieht sich zurück. Richten Sie Ihre Aufmerksamkeit lieber darauf, mit ihm gemeinsam das Problem zu lösen.

Wenn Sie sich einig sind, was genau das Problem ist, sollten Sie sagen: „Mich würde jetzt interessieren, wie du vorgehen würdest. Was würdest du machen?" Wenn er es Ihnen erklärt, sollten Sie nicht sofort reagieren. Hören Sie einfach zu und sagen Sie: „Interessant. So habe ich es noch nicht gesehen. Lass mich zwei Minuten darüber nachdenken." Das gibt Ihnen Zeit, über seine Vorschläge nachzudenken und zu überlegen, wie Sie am besten antworten wollen.

Wenn Sie die Sache anders sehen als er, sollten Sie ihm nicht sagen, dass er falsch liegt. Sagen Sie einfach: „Ich hätte noch eine andere Idee. Vielleicht könnten wir unsere Ideen kombinieren, damit wir eine Lösung finden." Durch diese Art des Gesprächs ermöglichen Sie ihm, als Gewinner hervorzugehen.

Kramen Sie keine alten Kamellen hervor. Eine der größten Klagen von Männern lautet: Frauen haben ein viel zu gutes Gedächtnis und kramen Dinge aus der Vergangenheit hervor, um ihre Position zu stärken. Das stimmt meistens, denn eine Frau produziert mehr Dopamin, das ihre Sprach- und Gedächtnisfertigkeiten erhöht. Bleiben Sie in der Gegenwart und lassen Sie die Vergangenheit ruhen. Wenn etwas aus der Vergangenheit geklärt werden muss, kann das später geschehen, aber nicht mitten in einem Konflikt.

In der Kürze liegt die Würze. Männer haben nicht viel Lust auf ein langes, konzentriertes Gespräch. Selbst wenn das Gespräch wichtig ist, gibt es für Männer eine Grenze, wie lang sie zuhören können. Wenn Sie merken, dass er immer weniger sagt, sein Blick glasig wird oder er das Interesse verliert, dann brechen Sie ab und vereinbaren Sie, wann Sie das Gespräch fortsetzen wollen. Es ist für einen Mann leichter, mehrere kurze Gespräche zu haben als ein einziges, das für ihn eine gefühlte Ewigkeit dauert.

Fassen Sie Dinge zusammen. Ihr Gehirn betrachtet eine Situation wahrscheinlich aus mehreren, unterschiedlichen Blickwinkeln, und für Sie ist es logisch, dass diese verschiedenen Gedanken alle zusammengehören. Ein Mann sieht normalerweise immer nur eine Sache und nicht mehrere auf einmal und kann verwirrt sein oder sich überrollt fühlen, wenn ein Gespräch in zu viele Richtungen geht. Nachdem Sie eine Weile Ihre Sicht dargelegt haben, wäre es gut, wenn Sie versuchen würden, Ihre Gedanken in einem einzigen Satz zusammenzufassen. Fragen Sie ihn, ob Ihre Zusammenfassung für ihn logisch ist. Und bitten Sie ihn dann, das Gleiche zu tun: „Was ist für dich das Ergebnis?"

Vergessen Sie nicht, mit wem Sie sprechen. Er ist nicht Ihr Feind. Er ist Ihr bester Freund. Halten Sie sich immer wieder vor Augen, welche Beziehung Sie zueinander haben.

Lassen Sie ihn wissen, was Sie brauchen. Männer sind keine Gedankenleser. Deshalb ist es wichtig, dass Sie ihm sagen, was Sie in einer Situation konkret brauchen. Wenn Sie wollen, dass er Ihnen nur einfach zuhört, sollten Sie ihm einen Zeitrahmen nennen und ihm sagen, dass er keine Lösung für Sie suchen soll. „Hast du zehn Minuten Zeit, um mir zuzuhören? Ich muss laut über etwas nachdenken, was mir im Kopf herumschwirrt. Ich will von dir keine Lösungsvorschläge, aber es würde mir helfen, wenn ich dir einfach erzählen kann, was mich beschäftigt.“

Wenn Sie wollen, dass er Sie anschaut, dann sagen Sie es ihm. „Es gibt da etwas Wichtiges, und ich würde gern hören, was du darüber denkst. Könntest du mich dabei bitte ansehen? In zehn Minuten kannst du gern wieder in die Zeitung schauen.“ Wenn Sie eine Lösung suchen, sagen Sie: „Ich brauche deinen Rat. Ich sage dir, welche Möglichkeiten mir vorschweben. Könntest du mir dann sagen, welche du für die beste hältst?“

Lassen Sie sich von ihm nicht fertigmachen. Wenn er in einer mürrischen oder aggressiven Stimmung ist, dann lassen Sie sich davon nicht anstecken. Vielleicht will er, dass Sie genauso gelaunt sind wie er, aber es geht Ihnen beiden schneller wieder besser, wenn Sie die Kontrolle über Ihre Stimmung behalten.

Der Situation angepasst

Diese oben aufgelisteten Aussagen durchbrechen die Klischees. Männer sagen mit überwältigender Mehrheit, dass diese Aussagen wahr sind, und sie wollen, dass ihre Frauen die Wahrheit wissen. Es handelt sich hier um kein starres Regelsystem; es ist einfach ein Blick in die verborgenen Gedankengänge eines Mannes.

Diese Aussagen sind in unterschiedlichen Situationen unterschiedlich anzuwenden, aber sie gelten trotzdem. Eine Freundschaft hat eine andere Dynamik als eine Ehe. In einer Freundschaft hilft es der Frau, die überlegt, ob sie mit einem Mann eine Beziehung eingehen will, wenn sie weiß, wie er denkt. In der Ehe kann sie sich mithilfe dieser Aussagen Verhaltensweisen ihres Mannes erklären, die erst nach und nach sichtbar werden. Der Mutter eines Teenagers hilft es zu verstehen, was ihr Sohn denkt, wenn er nicht mehr viel spricht.

Männer sind dankbar, wenn Frauen sie in keine Klischeeschubladen stecken. Dadurch behandeln Frauen ihre Männer als echte, vollständige Person und nicht wie eine Karikatur.

TEIL 4
WIE ER
KOMMUNIZIERT

Eine Frau hat einmal gesagt, Kommunikation von Männern wäre ein Widerspruch in sich. Wenn er ein Mann sei, könne er nicht kommunizieren. Wenn er kommuniziere, könne er kein Mann sein.

Das ist ein unfaires Klischee, das eine echte Kommunikation unmöglich macht. Männer haben erstaunliche Kommunikations-fähigkeiten, aber diese sehen völlig anders aus als die einer Frau. Männer haben tiefe Gefühle, drücken sie aber unterschiedlich aus. Sie schweigen eher, aber das heißt nicht, dass sie nicht zuhören würden.

Männer haben es schwer, weil die Klischees in den Medien sie als gefühllos, lieblos und unkommunikativ darstellen. Sie wissen, dass diese Klischees nicht stimmen, aber sie wissen nicht, wie sie damit umgehen sollen.

Wir wollen den Männern eine Stimme geben. Erkunden Sie mit mir ihre Motive und ihre Sichtweise und finden Sie heraus, wie Männer tatsächlich kommunizieren.

Sie haben die Chance, eine Fremdsprache zu lernen: die Spra-che der Männer.

HABEN MÄNNER
ÜBERHAUPT GEFÜHLE

Archie Bunker, fiktiver Vater und Ehemann in einer amerikanischen Fernseh-Sitcom der 1970er-Jahre, war der Prototyp negativer Klischees über Männer. Er war das grobe, bigotte Klischee von einem Mann. Diese Sendung war in den USA sehr beliebt, weil viele Frauen diese Klischees so treffend fanden.[9]

Ohne solche einseitigen Vorurteile gäbe es weniger Material für Fernsehkomödien und Drehbücher. Niemand hinterfragt, ob diese Klischees der Wahrheit entsprechen. Man setzt sie einfach als wahr voraus und bastelt eine Geschichte darum. Und jeder denkt: *Das ist ein typischer Mann!*

Natürlich ist jeder Mann anders. Einige Männer haben mehr Ähnlichkeit mit diesen Klischees, andere weniger. Wenn wir diese Stereotypen im Folgenden genauer betrachten, werden wir einige Prinzipien erkennen, die auf die große Mehrzahl der Männer zutreffen. Für diese Prinzipien gibt es gute Gründe.

Bevor wir jedoch klären, ob diese Stereotypen der Wahrheit entsprechen oder nicht, sollten wir uns damit beschäftigen, inwieweit das männliche Gehirn die Gefühle und Handlungen von Männern beeinflusst.

Was läuft in seinem Kopf ab?

Wir haben schon über den unterschiedlichen Aufbau des männlichen und des weiblichen Gehirns gesprochen. Frauen haben mehr „weiße Substanz", das Verbindungsgewebe, das die zwei Gehirnhälften miteinander verbindet. Männer haben mehr „graue Substanz", was bedeutet, dass sie im Allgemeinen immer nur einen Bereich ihres Gehirns und nicht mehrere Bereiche gleichzeitig benutzen. Frauen verbinden alles mit allem, während Männer diese Verbindungen nicht in diesem Ausmaß herstellen.

Mit anderen Worten: Wir alle nehmen Informationen auf die gleiche Weise auf (über unsere Sinne), aber wir verarbeiten sie unterschiedlich. Die modernen Untersuchungsmethoden machen es möglich, diese Unterschiede zu studieren und genau zu sehen, was geschieht. Dabei wurden einige interessante Entdeckungen gemacht:

Die linke Gehirnhälfte enthält unsere Fähigkeit, Sprache zu verarbeiten. Männer haben in diesem Bereich weniger Gehirnzellen. Die Anzahl der Gehirnzellen sagt etwas über die Leistungsfähigkeit aus. Mehr Gehirnzellen bedeuten eine bessere Leistung. Wenn Frauen in diesem Bereich mehr Zellen haben, folgt daraus, dass sie auf dem Gebiet Sprache und Kommunikation häufig besser sind. Je mehr sie diese Fähigkeiten anwenden, umso besser werden sie. Dieser Teil des Gehirns wächst sogar.

Aufgrund der größeren Menge an weißer Substanz im Gehirn einer Frau verarbeitet sie neue Informationen anders als ein Mann. Einzelne Wörter werden von Männern und Frauen gleich verarbeitet, Sätze dagegen unterschiedlich. Männer verarbeiten Informationen in einem einzigen, konkreten Bereich auf einer Gehirnseite, während Frauen den gleichen Bereich auf beiden Gehirnseiten verwenden. Das bedeutet, dass Frauen gleichzeitig denken und fühlen können, während Männer das häufig getrennt machen.

Frauen benutzen oft einen größeren Teil ihres Gehirns für das Sprechen und Zuhören. Das bedeutet nicht, dass sie besser kommunizieren könnten; es bedeutet einfach, dass ihnen Kommunikation im Allgemeinen leichter fällt als Männern.

Frauen haben mehr Östrogen als Männer. Das hat eine Auswirkung auf die Anzahl der Nervenzellkörper, die aktiv werden, wenn sie sich aufregen. Deshalb erleben Frauen Stress häufig intensiver als Männer. Das Östrogen hat auch einen Einfluss auf das Lernen und das Gedächtnis. Daher können sich Frauen Informationen häufig länger und besser merken als Männer.

Frauen setzen das Hormon Oxytocin frei, wenn sie unter Druck stehen. Dieses Hormon hilft ihnen, Kontakt zu anderen Menschen zu haben. Männer setzen auch Oxytocin frei, aber häufiger bei Umarmungen und sexuellen Begegnungen. Frauen sprechen mit anderen Menschen über ihre Probleme und fühlen sich besser, wenn sie über Lösungen diskutieren, auf Mitgefühl stoßen und hören, was andere über ihr Problem denken. Männer haben diese chemische Freisetzung normalerweise nicht. Deshalb haben sie nicht das Bedürfnis, andere einzubeziehen, wenn sie diesen Druck fühlen.

Männer können im Gesichtsausdruck und der Körpersprache von anderen Menschen offensichtliche Gefühle wie Ärger und Aggression erkennen, aber subtilere Gefühle wie Sorgen und Angst erkennen sie nicht so leicht. Frauen nehmen diese Signale häufig leichter wahr.[10]

Das Problem bei der Kommunikation entsteht dann, wenn eine Frau aufgrund der Chemie in ihrem Gehirn Dinge auf eine bestimmte Weise verarbeitet und dann erwartet, dass ihr Mann es genauso machen sollte. Es ist dieselbe Situation. Warum sollte er sie anders sehen als sie? Wenn sie so denkt, ist es für sie eine logische Schlussfolgerung, dass der Mann einfach nur eigensinnig, faul oder unsensibel ist. Er muss an seiner Beziehungsfähigkeit arbeiten und sich einfach ändern, richtig?

Falsch. Es geht hier nicht um eine Frage des Verhaltens oder Charakters. Es ist eine Sache des Gehirns. Solange eine Frau meint, sie müsste das Verhalten des Mannes ändern, ist ihr Vorhaben zum Scheitern verurteilt und Frustration vorprogrammiert. Diese Unterschiede sind eine Tatsache. Eine Frau ist viel besser beraten, wenn sie Wege sucht, sich die Unterschiede zunutze zu machen.

Es ist, als zöge man aus einem Eigenheim in einen Wohnblock. In einem Mehrfamilienhaus gibt es viele Regeln, die einem das Gefühl vermitteln können, in seiner Freiheit eingeschränkt zu werden. In einem Eigenheim auf dem eigenen Grundstück kann man tun und lassen, was man will. Aber in einem Wohnblock gibt es laute Nachbarn, der Raum ist beengt und es gibt Regeln, die dafür sorgen sollen, dass alle friedlich miteinander auskommen.

Das sind unbestritten Nachteile. Aber es gibt auch viele Vorteile: Zum Beispiel kümmert sich jemand anders darum, wenn die Toilettenspülung kaputt ist oder die Heizung ausfällt.

Eine Beziehung zu einem Mann ist mit „Regeln" verbunden und frau kann das Gefühl bekommen, eingeschränkt zu werden. Jetzt sind auf einmal zwei Menschen zu berücksichtigen und nicht nur einer, und wenn diese beiden wirklich Partner werden wollen, muss sich einiges ändern. Der Vorteil ist, dass Sie mit den Problemen nicht allein fertigwerden müssen.

Es geht nicht darum, wer besser ist; es geht darum, die Unterschiede anzuerkennen und sich darauf einzustellen. In einer Beziehung zwischen einem Mann und einer Frau kommt es nicht darauf an, wer recht hat und wer unrecht hat. Es ist wichtig, die Unterschiedlichkeit zu schätzen und Möglichkeiten zu finden, wie sie als Team zusammenarbeiten und aus zwei Sichtweisen eine machen können.

Glauben Sie nicht alles, was die Medien sagen

In Sitcoms und den meisten Talkshows werden Männerklischees so dargestellt, als gehörten sie zur Allgemeinbildung. Männer gelten als beziehungsunfähig. Frauen lieben die Männer, aber sie müssen sie richtig lenken, wenn sie etwas erledigen sollen. Männer sind ganz nett und haben ihre starken Momente, aber sie müssen gezwungen oder manipuliert werden, damit sie irgendetwas schaffen. Sie werden als emotional minderbemittelt dargestellt, als Menschen, die keine Ahnung von den Bedürfnissen einer Frau haben und diese Bedürfnisse nicht stillen können (und das auch gar nicht wollen).

In den Medien kann man auch das andere Extrem finden: Es stellt Männer als Superhelden oder verwegene, gut aussehende Leitwölfe dar, die viel riskieren, um die Welt zu retten und Helden zu sein.

Die Männer, mit denen ich gesprochen habe, sagen einstimmig, dass beides völlig falsch ist.

Ein Mann will ein Held sein und Gutes tun – aber hauptsächlich für die wichtigste Frau in seinem Leben. Er weiß, dass er keine Galaxie vor der Zerstörung retten kann, aber zu Hause träumt er davon. Er sieht die Männerkarikaturen im Fernsehen und weiß nicht, was er dazu sagen soll. „Das bin ich nicht", sagt er vielleicht. „Aber wie soll ich einer Frau klarmachen, dass ich ganz anders bin?"

Diese Männerkarikaturen sind moderne Legenden: Sie werden allgemein geglaubt, aber sie stimmen nicht. Betrachten wir diese Mythen genauer, um zu sehen, was sich dahinter verbirgt.

Mythen über Männer

Kehren wir noch einmal zu den Klischees über Männer zurück: zu den allgemeinen Annahmen über Männer, die Frauen (und sogar Männer) für wahr halten und die, wenn man ihnen Raum gibt, Beziehungen zerstören können. Es ist wichtig, dass wir klären, was in jedem einzelnen Fall wahr ist, damit wir eine konkrete Grundlage haben, auf der wir aufbauen können.

Mythos #1:
Männer haben keine Gefühle

Das ist der größte Mythos überhaupt und der Mythos, der Männer am meisten stört.[11] Männer haben sehr wohl Gefühle, und diese Gefühle können sehr stark sein. Haben Sie schon einmal gesehen, was passiert, wenn eine Fußballmannschaft die Weltmeisterschaft oder die Champions League gewinnt? Hier finden ungehemmte Gefühlsausbrüche von Männern statt. Die Mannschaft läuft aufeinander zu, umarmt sich, springt als Gruppe auf und nieder, klopft sich gegenseitig auf den Rücken und läuft feiernd über das

Spielfeld. Während des Spieles können die Spieler von Gefühlen angetrieben werden, die sie zu ihrer Höchstleistung auflaufen lassen.

Aber Männer empfinden auch „weichere" Gefühle wie Traurigkeit, Angst, Sorgen, und sie können auch sensibel sein. Die meisten Männer tragen sehr viel Unsicherheit in sich, die direkt unter der Oberfläche brodelt und sich darauf auswirkt, wie sie mit dem Leben umgehen.

Männer sind normalerweise in einer Kultur aufgewachsen, die ihnen sagt, dass es nicht männlich wäre, diese weicheren Gefühle zu zeigen. Die härteren dürften sie aber zeigen. Nur weil sie diese Gefühle nicht offen zur Schau stellen, heißt das allerdings nicht, dass sie nicht da wären. Den Männern fehlen oft die Mittel, ihre Gefühle auszudrücken. Und so bleiben sie tief in ihnen verborgen. Manchmal wandeln Männer Gefühle wie Traurigkeit in etwas um, das akzeptabler ist, zum Beispiel in Ärger.

Männer haben tiefe Gefühle. Sie wissen nur nicht immer, was sie damit anfangen sollen.

Mythos #2:
Falls Männer Gefühle haben, wollen sie nicht darüber sprechen

Viele Männer hatten als Kinder einen Vater, der seine Gefühle nicht zeigen konnte. Deshalb fehlt ihnen auf diesem Gebiet das nötige Vorbild. Sie haben nicht gelernt, sich verwundbar zu zeigen. Sie haben gelernt, stark zu sein.

Die meisten Männer fragen nicht nach dem Weg, wenn sie ihn nicht wissen. Daran zeigt sich ein tief verwurzelter Wunsch: Sie wollen den Eindruck erwecken, sie hätten alles im Griff. Sie wollen auch nicht zugeben, dass etwas ihre Gefühle verletzt hat, weil sie sich dann schwach fühlen würden. Ein Mann kämpft eher gegen einen anderen Mann, als ihm zu sagen, dass ihn seine Worte verletzt hätten.

Frauen drücken ihre Gefühle verbal aus, Männer eher körperlich. Wenn sie starke Gefühle haben, finden sie oft körperliche Möglichkeiten, sie auszudrücken, zum Beispiel Gewichtheben oder gewalttätige Videospiele.

Männer sprechen mit anderen Männern über ihre Gefühle, aber sie halten sich dabei kurz und knapp.[12]

„Mann, das mit meinen Schwiegereltern nervt mich", sagt er.

„Ja", lautet die Antwort. „Kann ich gut verstehen. Mit den Schwiegereltern hat man es manchmal wirklich schwer."

„Richtig. Ich weiß nicht, was ich tun soll. Hast du schon Probleme mit deinen gehabt?"

„Oh, ja. Aber irgendwie haben wir es mit der Zeit in den Griff bekommen. Man weiß wirklich oft nicht, was man tun soll."

„Stimmt. Hey, hast du das Länderspiel gestern Abend gesehen?"

Mehr braucht und will ein Mann nicht. Wenn er mit einer Frau über seine Gefühle spricht, ist das anders. Sie will detailliert wissen, was er fühlt, aber das weiß er oft selbst nicht so genau. Bedrängt sie ihn, weil sie mehr erfahren möchte, zieht er sich zurück, schweigt oder wird sauer.

Er hat nämlich folgende Erfahrung gemacht: Möchte eine Frau hören, was er fühlt, meint sie das selektiv. Sie will die weichen Gefühle hören und nicht unbedingt die harten. Er hat nicht viel Übung darin, diese weicheren Gefühle mitzuteilen. Deshalb hat er den Eindruck, als wollte sie ihn zwingen, ein Flugzeug zu steuern, obwohl er bis jetzt nur Auto gefahren ist.

Ich habe es zwar schon angesprochen, aber es ist so wichtig, dass ich es noch einmal wiederhole: Es ist für einen Mann riskant, mit einer Frau über seine Gefühle zu sprechen, aber wenn er ihr vertraut, versucht er es trotzdem. Wenn sie ihm eine Abfuhr erteilt, seine Gefühle nicht ernst nimmt oder ihn zum Reden zwingen will, obwohl er nicht dazu bereit ist, versucht er es bestimmt nicht wieder. Reagiert die Frau dagegen mit Geduld und Interesse auf seine Gefühle, und er fühlt sich bei ihr sicher, dann ist er eher bereit, in Zukunft mehr zu erzählen.

Mythos #3:
Männer verstehen Frauen nicht und wollen sie auch gar nicht verstehen

1995 veröffentliche Dr. Alan Francis ein 120 Seiten dickes Buch mit dem Titel *Everything Men Know about Women*[13] („Alles, was Männer über Frauen wissen"). Das Buch wurde schnell zum Bestseller und verkauft sich auch mehr als zwei Jahrzehnte später immer noch. Warum war es so begehrt?

Die Seiten waren alle leer.

Männer wollen wirklich wissen, was Frauen denken. Aber ein Mann hat es schwer, wenn eine Frau nicht klar sagt, was sie meint, und er es nicht erraten kann. Wenn sie es ihm direkt sagt, versteht er sie. Sein Gehirn hat nicht so viele Verbindungen und hat deswegen Probleme, die versteckte Bedeutung hinter ihren Worten zu verstehen.

Sagt sie zum Beispiel: „Wir haben aufgrund der teuren Autoreparatur ausgemacht, dass wir bis zur nächsten Gehaltsauszahlung kein Geld ausgeben. Deshalb war ich frustriert, als du gestern ein neues Videospiel gekauft hast", versteht er ganz genau, was sie fühlt. Aber wenn sie sagt: „Du gibst ständig Geld aus, das wir nicht haben!", kann er keinen Bezug zwischen ihren Gefühlen und seinem Handeln herstellen, weil ihm die nötigen Informationen fehlen.

Er will sie wirklich verstehen. Aber sein Gehirn ist einfach nicht so geschaltet, dass er eine Bedeutung zuordnet, wenn sie nicht direkt sagt, was sie meint. Wenn sie gleichzeitig mehrere Themen anspricht, wird es für ihn noch schwerer.

Mythos #4:
Männer interessieren sich mehr für ihre Arbeit als für ihre Frau

Die Frau sagt: „Warum ist dir deine Arbeit so wichtig?" Ihr Mann versteht ihre Worte als Aufforderung, dass ihm seine Arbeit weniger wichtig sein sollte. Er denkt: *Warum sollte mir meine Arbeit nicht wichtig sein?*[14]

Ein Mann findet in seiner Arbeit Bestätigung und Wertschätzung. Das Streben danach, Erfolg zu haben, zu erobern, zu versorgen und zu „gewinnen", ist in seinem Gehirn fest verankert. Er hat sich sein Leben lang angestrengt, um in seinem Beruf Erfolg zu haben. Bei so viel Anstrengung erwartet er einen entsprechenden Lohn für seine Investition. Wenn ein Mann nicht arbeiten kann, ist sein Selbstwertgefühl in Gefahr. Er will in seiner Welt einen Beitrag leisten, der zählt. Er will etwas Positives bewirken.

Für einen Mann ist es völlig unlogisch, die Beziehung zu seiner Frau mit seiner Arbeit zu vergleichen. Er sieht die beiden Bereiche in ganz verschiedenen Kategorien. Für ihn ist der Vergleich so, als würde man ein Kind fragen: „Bist du zu Fuß zur Schule gegangen oder hast du dein Pausenbrot mitgenommen?" Eine solche Frage ergibt einfach keinen Sinn.

Wenn ein Mann in einem der beiden Bereiche Erfolg hat, wirkt sich das auf seine Leistung im anderen Bereich aus. Seine Arbeit verlangt von einem Mann viel Zeit und Energie, aber das heißt nicht, dass ihn die Arbeit mehr interessieren würde als seine Frau. Er muss ständig darauf achten, das nötige Gleichgewicht zwischen diesen beiden Verpflichtungen zu finden. Die meiste Kraft benötigt er dafür, beides zu lieben und der Ehe und der Arbeit die Aufmerksamkeit zu schenken, die beide verdienen.

Mythos #5:
Männer haben Angst, sich zu binden

Weibliche Singles haben oft den Eindruck, Männer hätten Angst, sich zu binden. Wenn Männer das hören, kommt bei ihnen die Botschaft an, sie würden ihre Beziehung nicht ernst nehmen und wollten nur ihren Spaß haben, aber keine Verantwortung übernehmen. Die meisten Männer stört es, wenn man sie für so oberflächlich hält. Denn sie wissen ganz genau, dass normalerweise das Gegenteil der Fall ist. Untersuchungen zeigen, dass Männer die Ehe sogar häufiger anstreben als Frauen, und dass der Wunsch, eine gute Familie zu haben, bei beiden Geschlechtern gleich stark ausgeprägt ist.[15]

Es geht nicht darum, dass sie Bindungsangst hätten. Es ist eher eine Frage des richtigen Zeitpunkts. Sie haben es nicht eilig, eine lebenslange Bindung einzugehen, weil sie sicher sein wollen, dass sie die richtige Entscheidung treffen. Wenn sie erst einmal die richtige Frau gefunden und sich entschieden haben, halten sie normalerweise an dieser Entscheidung dauerhaft fest. Der Blick auf das Langfristige macht sie vorsichtig.

Männer nehmen sich mehr Zeit, um über eine mögliche Beziehung nachzudenken, bevor sie sich binden. Sie wollen nämlich erst sehen, ob die Beziehung auch dann noch gut ist, wenn eine gewisse Zeit vergangen ist. Sie wissen, dass es in jeder Beziehung die „Flitterwochenphase" gibt, und sie wollen über diese Phase hinausblicken und herausfinden, ob eine Frau auch im „normalen" Leben zu ihnen passt.

Mit anderen Worten: Die meisten Männer wollen sich langfristig binden. Deshalb lassen sie sich Zeit, damit sie bei dieser wichtigen Entscheidung keinen Fehler machen.

Mythos #6:
Männer hören nicht zu

Das Gehirn eines Mannes verarbeitet Informationen anders als das einer Frau.[16] Die meisten Männer wollen wissen, was ihre Frau zu bestimmten Themen denkt. Männer sind aber in ihren Beschreibungen eher kurz und prägnant, während Frauen häufiger ins Detail gehen.

Wenn Männer die ausführlichen Details hören, die Frauen erzählen, versuchen sie, sie in ihrem Kopf zu ordnen. Bei zu vielen Details schaltet sich ihr Gehirn einfach aus und sie können keine Informationen mehr aufnehmen. Das ist so, wie wenn sich ein Computer aufhängt und neu gestartet werden muss, damit er wieder arbeiten kann.

Für Frauen ist es wichtig, die Details zu erzählen. Männer verstehen das nicht immer und hören deshalb nicht mehr hin, wenn es zu viele Details werden. Bei einer Frau kommt das so an, als würde er ihr nicht zuhören oder als würde ihn nicht interessieren, was sie sagt.

Ein Beispiel: Meine Frau trifft sich mit einer Freundin, die sie länger nicht gesehen hat. Am Abend frage ich sie: „Und, wie war euer Treffen?" Normalerweise fängt sie dann ganz von vorne an und erzählt mir ausführlich, worüber sie gesprochen haben, was jede gesagt und die andere geantwortet hat und was sie bei den einzelnen Punkten fühlte. Es kann zehn Minuten oder noch länger dauern, bis sie mir alles erzählt hat.

Wenn ich mich mit einem Freund treffe, den ich länger nicht gesehen habe, und Diane mich später fragt, wie das Treffen gewesen sei, antworte ich normalerweise: „Gut. Es geht ihm gut." Sie fragt dann nach: „Worüber habt ihr gesprochen?" Ich überlege, aber mir fällt nichts ein. Ich habe eine Stunde mit meinem Freund verbracht und weiß nicht, worüber wir gesprochen haben.

Wenigstens nicht im Detail. Da das Gespräch vorbei ist, habe ich die Details in die entsprechenden Archive in meinem Gehirn abgelegt. Das Gespräch ist beendet und wir sind auseinandergegangen. Also speichere ich die Details nicht mehr in meinem Kurzzeitgedächtnis.

Im Laufe der Jahre haben Diane und ich gelernt, was für jeden von uns in einem Gespräch wichtig ist. Ich habe gelernt, ihr zuzuhören und sie reden zu lassen, wenn sie zu sehr ins Detail geht. Das mache ich nicht, weil mir die Details wichtig wären. Ich mache das, weil mir *meine Frau* wichtig ist. Es schafft eine Verbindung, wenn ich ihr zuhöre.

Gleichzeitig hat sie gelernt, nicht verletzt zu sein, wenn ich ihr nicht die Details meines Gespräches mit meinem Freund schildere. Sie weiß, dass ich nicht viel dazu sagen kann. Ihr Gehirn stellt Verbindungen zu allem her, was passiert ist. Mein Gehirn konzentriert sich während des Gesprächs auf mein Gegenüber, und wenn das Gespräch zu Ende ist, geht es zum nächsten Punkt weiter.

Dass ich ihr bei Details zuhöre, wurde mir nicht in die Wiege gelegt. Das war für mich ein langer, langsamer Lernprozess, und mir ist bewusst, dass die meisten Männer das noch nicht gelernt haben. Ich verliere immer noch manchmal die Geduld, weil ich darauf warte, dass sie endlich zur Sache kommt. Aber ich weiß auch, dass Diane und ich gemeinsam reifer werden, wenn wir den anderen so sein lassen, wie er ist. Nachdem ich begriffen hatte, wie wichtig ihr die Details sind, fiel es mir leichter, ihr zuzuhören.

Wenn ein Mann schweigend zuhört, heißt das nicht, dass er sich langweilen würde. Wahrscheinlich bedeutet es sogar, dass er besonders aufmerksam zuhört. Das Zuhören kostet einen Mann Energie, und deshalb macht das Zuhören es ihm schwer, gleichzeitig zu antworten. Wenn er nicht sofort antwortet, liegt das daran, dass er Zeit zum Nachdenken braucht, bevor er antworten kann.

Falls Sie nicht sicher sind, ob Ihr Mann Ihnen zuhört, können Sie dieses Thema zu einem anderen Zeitpunkt in einer entspannten Atmosphäre ansprechen: „Kannst du mir bei etwas helfen, das ich nicht ganz verstehe? Wenn ich dir etwas erzähle, das mich beschäftigt, sagst du nicht viel. Ich habe immer gedacht, das liege daran, dass du mir nicht zuhörst. Ich wüsste gern, ob du nur so schweigsam bist, weil du mir ganz genau zuhörst und das, was ich sage, verarbeitest. Kannst du mir das bitte erklären?"

Mythos #7:
Männer sagen einer Frau nie, dass sie sie lieben

Männer drücken ihre Gefühle mehr durch Taten als durch Worte aus.[17] Sie wollen romantisch sein, wollen dafür aber nicht unbedingt Worte benutzen. Es ist ihnen unangenehm und peinlich, romantische Dinge zu sagen (besonders wenn sie sich mit den Männern in Liebesfilmen vergleichen), und sie haben Angst, etwas falsch zu machen. Deshalb sprechen sie lieber durch Taten.

Wenn ein Mann einer Frau Blumen schenkt, ist das seine Art, ihr seine Gefühle zu zeigen. Männer schenken normalerweise nicht Blumen, weil sie ein schlechtes Gewissen haben (auch wenn das nicht völlig ausgeschlossen werden kann). Geschenke sind ihre Art, „Ich liebe dich", „Es tut mir leid" oder „Ich habe an dich gedacht" zu sagen. Wenn er eine Reise mit Ihnen plant, dann deshalb, weil er mit Ihnen zusammen sein will. Bringt er Ihr Auto in die Werkstatt, dann tut er das, weil er Ihnen das Leben erleichtern und sich um Sie kümmern will.

Übersehen Sie diese Taten nicht. Sie sind mindestens genauso wertvoll wie Liebeserklärungen mit Worten. Genießen Sie die Worte, wenn er sie sagt, aber verstehen Sie seine Taten als Ausdruck seiner Gefühle und als Liebeserklärung.

Mythos #8:
Wenn eine Frau traurig ist, sind Männer keine große Hilfe

Ein Mann sagte einmal: „Eine Frau will nicht, dass du das Feuer löschst; sie will einfach, dass du neben ihr vor dem Feuer stehst, während es brennt." Männer wollen das Feuer löschen. Frauen wollen es mit dem Feuer nicht allein aufnehmen müssen. In einer intakten Beziehung werden beide Haltungen zum Positiven genutzt.

Einen Mann interessiert es, wenn seine Frau traurig ist, aber er hat meistens keine Ahnung, was er tun soll. Er will die Sache in Ordnung bringen, aber oft fehlt ihm das richtige Werkzeug, um ihre Gefühle in Ordnung zu bringen.

Wenn eine Frau traurig ist und sie meint, ihren Mann interessierten ihre Gefühle nicht, weil er im Moment ihre Bedürfnisse nicht befriedigt, leidet die Beziehung darunter. Besser ist es, wenn sie ihm das nötige Werkzeug an die Hand gibt. Sie kann ihm sagen, was sie braucht, und ihn so darum bitten, dass er es auch versteht.

Sagen Sie ihm, was er tun soll, wenn er Sie weinen sieht und nicht weiß, wie er reagieren soll. „Ich weine, weil ... (beschreiben Sie in einem einzigen Satz, was passiert ist). Du brauchst die Sache nicht in Ordnung zu bringen. Aber es wäre schön, wenn du mich ein paar Minuten festhalten würdest. Danach können wir essen gehen."

Sie bekommen, was Sie brauchen, und Sie geben ihm die Möglichkeit, Ihnen zu helfen. Das nennt man Synergie und Teamwork.

Ein perfektes Beispiel für eine Win-win-Lösung.

DER SCHWEIGENDE PARTNER

Mein Sohn Tim spricht fließend Spanisch. Er arbeitet im Restaurantmanagement und kam zum ersten Mal mit Spanisch in Berührung, als er in einer Restaurantküche beschäftigt war. Als er Leiter eines Restaurants in San Diego wurde, waren alle seine Mitarbeiter Hispanoamerikaner. Er lernte die Grundkenntnisse ihrer Sprache, weil er mit ihnen kommunizieren musste.

Tim interessierte sich für sie und wollte ihre Kultur und ihre Sprache besser kennenlernen. Deshalb kündigte er seine Stelle und ging für ein halbes Jahr nach Mexiko, um einen Intensivsprachkurs zu belegen. Dort lernte er die richtige Grammatik und bekam ein solides Fundament, auf dem er aufbauen konnte.

Nach dem Kurs blieb er noch einige Monate im Land und arbeitete ehrenamtlich in einem christlichen Tagungszentrum. Das gab ihm Gelegenheit, jeden Tag Spanisch zu sprechen. Dadurch beherrscht er diese Sprache nun fließend.

Wir beschlossen, Spanisch zu lernen, als sich Tim in Lucy verliebte. Sie ist eine junge Frau, die er in diesem Tagungszentrum kennenlernte und fünf Jahre später heiratete. Die Hochzeit fand in Guadalajara statt, und wir wollten uns mit ihrer Familie und ihren

Freunden unterhalten können. Deshalb kauften wir uns CDs mit einem Spanischkurs und hörten sie uns an.

Wir lernten einige Worte und Formulierungen und das half uns, uns mit unseren neuen Verwandten zu unterhalten. Das war ein guter Anfang und wir konnten auf einfachstem Niveau mit ihnen kommunizieren. Wahrscheinlich haben wir ihnen auch das eine oder andere Schmunzeln entlockt. Wir beherrschen diese Sprache definitiv nicht fließend.

Tim spricht fließend Spanisch, weil er bei Menschen gelebt hat, die diese Sprache sprechen, und weil er heute jeden Tag mit seinen Restaurantmitarbeitern in dieser Sprache kommuniziert. Wir haben uns nur CDs angehört, deshalb ist uns die Sprache nicht in Fleisch und Blut übergegangen. Ich habe einmal einen Freund gefragt, der zweisprachig ist: „Woher weiß man, dass man eine andere Sprache fließend beherrscht?" Er antwortete: „Wenn du in dieser Sprache träumst."

Mit einem Tauben sprechen

Bei der Kommunikation mit Männern haben Sie wahrscheinlich oft das Gefühl, Sie würden eine Fremdsprache sprechen. Sie sagen etwas und er hört etwas ganz anderes. Sie versuchen, ihn zu verstehen, aber das gelingt oft nicht.

Männer und Frauen mögen sich, deshalb wollen beide eine Lösung für ein Problem finden, das sich ihnen stellt. Aufgrund ihrer Hirnfunktionen schlagen sie bei der Suche nach der Problemlösung allerdings unterschiedliche Wege ein.

Frauen *reden* bei der Lösungssuche und wollen mithilfe von Worten herausfinden, was los ist.

Männer *denken* bei der Lösungssuche eher und schweigen, weil sie nicht wissen, was sie sagen sollen. Auf die Fragen ihrer Frau haben sie keine Antwort, deshalb schweigen sie lieber.

Beide wollen eine Lösung, aber sie gehen die Sache völlig anders an. Wenn sie diese Unterschiede nicht verstehen, sind irgendwann beide frustriert.

Wir haben bereits von dem „starken, schweigenden Mann" gehört. Helden in alten Westernfilmen wie John Wayne und Clint Eastwood passen in dieses Klischee. Sie sprachen nicht viel, aber ihr starkes Auftreten und Handeln strahlte etwas aus, das die Frauen in den Kinos dahinschmelzen ließ.

Eine Frau findet diese stille Stärke zwar am Anfang attraktiv, aber in einer Beziehung ist sie wegen seines Schweigens oft enttäuscht: „Er redet nie mit mir."; „Er verschließt sich vor mir."

Schweigen wird für viele Männer zur Gewohnheit. Bei einigen ist das nur gelegentlich der Fall, bei anderen wird es zur Regel. Aber bei jedem wirkt das Schweigen als Gesprächsbremse. Wenn wir nicht wissen, was der andere denkt, neigen wir dazu, die Lücken aus unserer Perspektive zu füllen. Wir nehmen an, der andere würde das Gleiche denken wie wir.

Aber der andere denkt nicht das Gleiche.

Wenn eine Frau mit einem Mann erfolgreich kommunizieren will, muss sie zweisprachig werden. Sie muss die Sprache des Schweigens lernen, und sie muss lernen, ihren Mann zu verstehen, wenn er diese Sprache benutzt.

Warum Männer aufhören zu reden

Es gibt Gründe, warum Männer häufig schweigen. Einiges geschieht absichtlich, während andere Dinge geschehen, ohne dass sie ihm bewusst sind. Nicht alle Gründe sind rational erklärbar, aber sie sind trotzdem eine Realität.

Er weiß nicht, was er antworten soll. Wenn eine Frau einen Mann fragt, was er in Bezug auf eine bestimmte

Situation denkt, hat er die Situation vielleicht noch nicht durchdacht. Liegt sie schon eine Weile zurück, dann ist er in Gedanken wahrscheinlich schon längst bei anderen Dingen und die Situation ist gar nicht mehr auf seinem Radar. Er fühlt sich unter Druck gesetzt, eine Antwort geben zu müssen, weiß aber nicht, was er sagen soll.

Da sich sein Gehirn nicht auf mehrere Dinge gleichzeitig konzentriert, fällt es ihm schwer, ihr zu folgen. Er will nicht inkompetent wirken. Deshalb hört er einfach auf zu reden. Mit der Zeit wird das seine Art, mit solchen Situationen umzugehen, und er reagiert automatisch so. Das bedeutet, dass er keine anderen Möglichkeiten mehr in Betracht zieht.

Er fühlt sich angegriffen. Wenn sich ein Mann unter Druck gesetzt fühlt, etwas zu sagen, er aber nicht weiß, was er sagen soll, fühlt er sich wie ein Tier bei einer Großwildjagd. Er kommt sich vor, als hätte die Frau die Waffen und er wäre nackt und wehrlos. Dabei ist er genau anders herum programmiert: Er will gewinnen und Erfolg haben. In diesem Fall schweigt er, weil er seine Angst nicht zeigen will.

Er ist ein introvertierter Mensch. Im nächsten Kapitel gehen wir darauf näher ein. Introvertierte haben zwar häufig tiefe Gedanken, aber sie können nicht laut denken. Sie nehmen Informationen auf und brauchen Zeit, um allein darüber nachzudenken. Wenn sie die Informationen verarbeitet haben, können sie über ihre

Gedanken sprechen. Will man sie aber dazu bringen, schneller zu denken, dann ist das genauso zum Scheitern verurteilt, als wollte man ein Auto mit leerem Tank fahren.

Er stellt die Verbindung zwischen den einzelnen Informationen nicht so schnell her. Frauen können im Gehirn leichter Verbindungen herstellen und haben einen höheren Östrogenanteil. Deshalb können Frauen schneller einen Fall um irgendein Thema herum aufbauen. Ihr ungehinderter Zugang zu ihrem Gedächtnis ermöglicht ihnen, verschiedene Erfahrungen zu kombinieren, um ihr Argument zu unterstreichen. Männer fühlen sich manchmal eingeschüchtert oder hilflos, weil sie keine Antworten finden, die so ausgeklügelt oder schnell sind. Deshalb setzen sie als Abwehrmauer einfach ihr Schweigen ein.

Er hat gelernt, dass Schweigen männlich ist. Männern wird von den Medien eingeredet, dass es nicht männlich sei, Gefühle zu zeigen und darüber zu sprechen. Die gleiche Botschaft bekamen sie als Kinder von Gleichaltrigen vermittelt, als sich ihre Freunde lustig machten, weil sie zu viel erzählten. In einer Beziehung zu einer Frau hat ein Mann Angst, sie würde ihn nicht mögen, wenn er nicht männlich ist. Deshalb schweigt er.

Er hat das Bedürfnis zu gewinnen, und Schweigen hilft ihm dabei. Wenn ein Mann das Gefühl hat, in einem Gespräch mit einer Frau nicht gewinnen zu können, schweigt er, um keine Niederlage zu riskieren. Das klingt irrational, denn die Frau hat keine Ahnung, dass es hier darum geht, wer gewinnt und wer verliert. Er ist sich dessen auch nicht bewusst und hat eigentlich gar nicht das Ziel, sie in einer Diskussion zu „besiegen". Aber er braucht das Gefühl, dass der Ausgang eines Dialogs eine Win-win-Situation ist und er gewonnen hat.

Er will seine Frau respektieren. Die meisten Männer wollen einer Frau Respekt entgegenbringen. Das haben sie in ihrer Kindheit und Jugend gelernt (auch wenn einige Männer leider anders erzogen wurden). Selbst wenn er sich in einem Gespräch ärgert, will ein Mann seine Frau mit Respekt behandeln. Das ist aber schwer, wenn er sich unter Druck gesetzt fühlt und meint, er müsste der Frau seine Position erklären, bevor er gründlich darüber nachdenken konnte. Er will nichts Impulsives sagen, das er später bereuen würde. Deshalb schweigt er, um die Beziehung nicht zu gefährden.

Er will, dass seine Frau glücklich ist. Vielleicht kennen Sie den Spruch: „Wenn Mama nicht glücklich ist, ist niemand glücklich." Das ist ein trauriges Klischee von einer aufbrausenden Frau, die ihren Ärger an allen in der Familie auslässt, während ihr Mann schweigt. In Wirklichkeit wollen Männer ihr Bestes für ihre Frau geben.

Er will seine Frau wirklich glücklich machen. Nicht aus Angst vor ihrer schlechten Laune, sondern weil er sie wirklich mag. Er will, dass seine Frau weiß, wie tief ihn ihre Stimmung berührt. Wenn sie nicht glücklich ist, ist er auch nicht glücklich. Schweigen wird zu einer unbewussten Strategie, mit der er Schmerz vermeiden will. Wenn er nichts sagt, riskiert er auch nicht, sie aufzuregen. Das ist oft nicht angemessen, aber es ist weit verbreitet.

Schweigen ist zur Gewohnheit geworden. Wenn er keine anderen Mittel hat, setzt ein Mann das Mittel ein, das funktioniert. Wenn Schweigen die Lösung ist, die regelmäßig funktioniert, entscheidet er sich nicht mehr bewusst dafür; es ist für ihn zur Gewohnheit geworden.

Die Sprache der Männer erlernen

Wenn Sie mit mir Englisch sprechen, ich aber nur Spanisch kann, verstehe ich nicht, was Sie mir sagen wollen. Selbst wenn ich wollte, könnte ich Sie nicht verstehen, weil ich nicht die geringste Ahnung habe, wovon Sie sprechen. Ich weiß nicht, ob Sie mir etwas erklären, mir eine Frage stellen oder meine Meinung hören wollen. Ich bin verwirrt. Was mache ich also? Ich schweige.

Mein Schweigen bedeutet nicht, dass ich starrsinnig, unvernünftig oder eigensinnig wäre oder dass ich „eben ein Mann" bin. Ich verstehe schlicht und ergreifend nicht, was Sie sagen. Wenn Sie versuchen, in meine Beweggründe etwas hineinzudeuten, stellen Sie Vermutungen über mein Schweigen an, und diese Annahmen sind wahrscheinlich falsch.

Wenn wir uns verstehen wollen, gibt es nur zwei Möglichkeiten:

1. Ich kann Englisch lernen.
2. Sie können Spanisch lernen.

Natürlich wäre es nett, wenn ich Englisch lernen würde, dann könnte ich mich leichter mit Ihnen unterhalten. Aber für einen Mann klingt das nach viel Arbeit. Ich müsste erst einmal davon überzeugt werden, dass sich die Mühe lohnt.

Das klingt unfair, denn meine Beziehung zu Ihnen sollte Motivation genug sein, nicht wahr? Warum sollen ausgerechnet Sie eine zweite Sprache lernen und nicht ich?

Selbst wenn Sie nur ein paar Sätze auf Spanisch lernen, ist der Anfang für eine Verständigung gemacht. Ich freue mich, dass wir uns verstehen, und merke, wie gut das ist. Deshalb bin ich viel eher bereit, meine Englisch-CDs auszupacken und auch Ihre Sprache zu lernen. Mit anderen Worten: Wenn Sie den ersten Schritt gehen, motiviert mich das, auch etwas zu tun.

Das ist bei Männern einfach so.

Abgesehen davon, dass Sie die Initiative ergreifen könnten, gibt es noch andere Dinge, die eine zweisprachige Kommunikation erleichtern. Zum Beispiel sollten Frauen Folgendes wissen: Das männliche Gehirn ist nicht so programmiert, dass Männer sich die Details eines Gesprächs merken, das sie geführt haben. Frauen sitzen eine Stunde zusammen und wissen danach genau, welche Dekoration der anderen gefällt, aus welcher Familie sie kommt, welchen Standpunkt sie bei der Kindererziehung vertritt und welche Hobbys sie hat. Männer können vier Stunden miteinander zum See und zurück fahren und zwei Nächte im selben Zelt schlafen und erinnern sich danach nicht mehr, worüber sie gesprochen haben.

Für Männer sind Erlebnisse wichtig, nicht Worte. Männer unternehmen gerne etwas gemeinsam. Das ist ihre Sprache. Für sie ist es viel natürlicher, ihrer Frau ihre Liebe dadurch zu zeigen, dass sie etwas für sie tun, als es ihr zu sagen. Vielleicht sagt er ihr auch, was er für sie empfindet, aber nicht so oft, wie sie es vermutlich gern hören würde.

Darüber haben wir schon in einem früheren Kapitel gesprochen, aber es ist so wichtig, dass ich es wiederholen möchte: Wenn eine Frau weiß, dass Männer ihre Liebe eher durch Taten als durch Worte zum Ausdruck bringen, muss sie darauf achten, was er für sie tut. Wenn er ihr Tee ans Bett bringt oder am Samstagvormittag ihr Auto wäscht, um sie damit zu überraschen, sollte ihr klar sein, dass er damit „Ich liebe dich" sagt. Sie sollte darauf genauso reagieren, wie wenn er diese Worte sagen würde, und ihm danken (damit weckt sie in ihm den Wunsch, so etwas irgendwann wieder zu machen).

Kommunikationstipps

Bei einer kulturübergreifenden Kommunikation ist es wichtig, sich auf das Gespräch zu konzentrieren. Wenn Sie mit Ihrem Mann in einer Sprache sprechen wollen, hier einige „Grammatiktipps".

Schalten Sie einen Gang zurück

Männer brauchen normalerweise mehr Zeit, um Informationen zu verarbeiten, als Frauen, da das weibliche Gehirn schneller mehrere Verbindungen herstellen kann. Männer konzentrieren sich eher auf eine einzige Sache und dann auf die nächste. Wenn Sie zu schnell sind, bleibt er auf der Strecke.

Vergessen Sie nicht: Wenn ein Mann nicht sofort antwortet, heißt das nicht, dass ihn nicht interessieren würde, was Sie sagen. Im Gegenteil, es kann sogar bedeuten, dass es ihn sehr interessiert und dass er sich Zeit nimmt, um Ihnen genau zuzuhören und Ihre Worte zu verarbeiten, bevor er antwortet. Lassen Sie ihm mehr Zeit, um seine Gedanken in Worte zu fassen, als Sie dafür brauchen würden.

Wenn Sie merken, dass Sie ungeduldig werden, weil er so lange für seine Antwort braucht, dann schweigen Sie und geben Sie ihm die Zeit. Füllen Sie das Schweigen nicht; warten Sie einfach, bis er spricht. Vielleicht kommt Ihnen dieses Schweigen wie ein Vakuum vor. Widerstehen Sie aber dem Drang, die Stille zu schnell füllen zu wollen.

Sie denken vielleicht: *Aber das kostet viel mehr Zeit.* Das stimmt. Doch wenn man in Gesprächen etwas überstürzen will, kann das eine Beziehung stark belasten. Wer im Umgang mit anderen Menschen effizient sein will, riskiert Missverständnisse. Echtes Vertrauen entwickelt sich in echten Beziehungen, und echte Beziehungen brauchen Zeit, um zu reifen. Tiefer gehende Beziehungen entstehen in einem Schmortopf, nicht in der Mikrowelle.

Eine Beziehung beschleunigen zu wollen ist so, als erwarte man von einem Krabbelkind, dass es Infinitesimalrechnen beherrscht. Es ist ein Lernprozess und dauert seine Zeit.

Versuchen Sie nicht, ihn zum Reden zu bewegen, wenn die Gefühle schon hochkochen

Vernunft und Gefühle sind wie Öl und Wasser. Wenn Sie gerade über etwas diskutieren und die Gefühle schon hochkochen, ist definitiv der falsche Zeitpunkt, um tiefere Probleme in Ihrer Beziehung anzusprechen. Die starken Gefühle rauben uns die Fähigkeit, objektiv zu sein, und wir sagen Dinge, die wir später bereuen, oder sprechen Anschuldigungen aus, die eine echte Kommunikation unmöglich machen. Hier geht es nicht um „typisch Mann" oder „typisch Frau". Es geht darum, wie man sich in Beziehungen verhält.

Wenn das Haus brennt, ist nicht der richtige Zeitpunkt, um zu diskutieren, wer die Kerze hat brennen lassen. Vielleicht gehen Sie als Sieger aus dieser Diskussion hervor, aber Sie verlieren das Haus. Konzentrieren Sie sich auf die aktuelle Krise. Über die Ursachen können Sie später sprechen.

Wenn Ihr Mann Sie mit seinem Schweigen frustriert, eskaliert das Problem normalerweise nur, wenn Sie ihn zu einer Antwort zwingen wollen. Effektiver wäre es, wenn Sie sagen würden, dass sein

Schweigen etwas bei Ihnen auslöst, und vorschlagen, irgendwann in Ruhe über die Gründe für sein Schweigen zu sprechen.

Sie könnten zum Beispiel sagen: „Weißt du, ich bin gerade wirklich frustriert, weil wir versuchen, dieses Problem zu lösen und ich das Gefühl habe, als würdest du dich überhaupt nicht daran beteiligen. Mir ist diese Sache wichtig, und ich will wissen, was du darüber denkst." Diese Herangehensweise ist ehrlich, und Sie bringen ihm den Respekt entgegen, den er braucht. Sie machen ihm keine Vorwürfe. Sie sagen ihm nur, was Sie fühlen, und lassen ihn wissen, dass Sie seine Gedanken schätzen.

Wenn Sie wissen wollen, was er denkt, sollten Sie einen Weg suchen, der nicht nur für Sie, sondern auch für ihn gut ist. Sagen Sie nicht: „Können wir uns irgendwann hinsetzen und darüber sprechen?" Für ihn klingt das, als würde er zum Rektor zitiert. Sagen Sie lieber: „Können wir irgendwann in den Biergarten (oder sonst irgendwohin, wo er sich wohlfühlt) gehen und darüber sprechen?" Dadurch wird das Gespräch viel ungezwungener und es fühlt sich für ihn bei Weitem nicht so bedrohlich an. Sie wollen an einen Ort gehen, an dem er sich wohlfühlt, und zeigen ihm damit, dass Sie ihn mögen und respektieren. In dieser Umgebung stehen die Chancen viel besser, dass er sich öffnet und Ihnen sagt, warum er bei Ihren Gesprächen oft schweigt.

Wenn er Ihnen sagt, was er denkt, dann hören Sie bitte einfach zu. Gehen Sie nicht in die Verteidigung und bohren Sie nicht nach. Lassen Sie ihn reden. Wenn er sich nicht unter Druck gesetzt fühlt, bekommen Sie wertvolle Informationen. Versuchen Sie nicht, alles auf einmal haben zu wollen. Lassen Sie ihn selbst bestimmen, wie viel er sagen will. Ein paar Wochen später können Sie erneut in den Biergarten gehen und das Gespräch fortsetzen. Sie haben ihm eine sichere Umgebung ermöglicht, und die braucht er, um sagen zu können, was er denkt.

Erlauben Sie ihm, die Sache auf später zu verschieben

Das ist ein Zusatz zu dem letzten Vorschlag. Sie werden nicht viel erreichen, wenn Sie ihn zwingen wollen, sofort zu antworten. Sagen Sie ihm bei einem Ihrer Ausflüge in den Biergarten, Ihnen sei bewusst, dass er Zeit braucht, um die Dinge zu verarbeiten. Überlegen Sie dann gemeinsam eine Lösung, die für Sie beide befriedigend ist.

Ein Ehepaar aus meinem Bekanntenkreis hat sich darauf geeinigt, dass er einfach „eine halbe Stunde" oder „eine Stunde" sagt, wenn er nicht weiß, was er sagen soll. Sie ist bereit, das Gespräch aufzuschieben, und er verspricht, dass sie nach dieser Zeitspanne das Gespräch fortsetzen. Damit können beide gut leben, weil ihre unterschiedlichen Bedürfnisse berücksichtigt werden. Außerdem haben sie festgestellt, dass dadurch die erhitzten Gemüter abkühlen können und ihr Gespräch respektvoller wird.

Eine andere Möglichkeit wäre es, das Gespräch um ein paar Tage zu verschieben. Sie könnten sagen: „Ich weiß, dass du Zeit brauchst, um darüber nachzudenken. Mir ist es wirklich wichtig, dass wir das klären. Können wir in zwei Tagen weiter darüber sprechen, wenn du Gelegenheit hattest, darüber nachzudenken?" Es ist für ihn vielleicht immer noch unangenehm, aber Sie zeigen ihm damit, dass Sie ihn und seine Bedürfnisse respektieren.

Sagen Sie ihm, was Sie wollen

Männer sind so programmiert, dass Sie Lösungen für Probleme finden wollen. Wenn Sie eine Lösung suchen, sollten Sie ihn direkt fragen, was Sie seiner Meinung nach tun sollten (das hört er gerne). Wollen Sie aber einfach laut über verschiedene Möglichkeiten nachdenken, müssen Sie ihm das auch sagen. „Ich würde gern deine Meinung zu etwas hören. Ich muss mehrere Möglichkeiten durchdenken. Kann ich sie dir erzählen? Das hilft mir, meine Gedanken zu ordnen. Ich will von dir keine Lösung hören, aber es würde mir wirklich helfen, wenn du mir sagen könntest, was du davon hältst."

Auf diese Weise befriedigen Sie seinen Wunsch, gebraucht und geachtet zu werden, ohne dass er Ihnen vorschnelle Lösungen vorschlägt. Wenn Sie alles durchgesprochen haben, können Sie ihn noch fragen, was er für die beste Lösung hält – falls Sie das möchten. Vielleicht wollen Sie seine Antwort tatsächlich gern hören, weil er sich die Zeit genommen hat, Ihnen zuzuhören, und nicht einfach die Sache „in Ordnung bringen" wollte.

Fragen Sie ihn nicht, was er fühlt.

Fragen Sie, was er denkt.

Die zweite Frage kann er beantworten, die erste nicht. Sie bekommen die gleiche Information, aber mit der zweiten Frage fragen Sie ihn in seiner Sprache danach.

Lernen Sie, auf das Schweigen zu hören

Es frustriert eine Frau sehr, wenn ihr Mann nichts sagt. Dann passiert es leicht, dass sie ihn für eigensinnig und unkommunikativ hält. Deshalb sind Klischees so gefährlich.

Die Lösung liegt nicht darin, einen Mann dazu zu bewegen, mehr zu sprechen. Viel besser ist es, wenn Sie seine Sprache und seinen Kommunikationsstil lernen und sich das Gelernte zunutze machen. Wenn Männer Informationen nach Männerart verarbeiten können und sich nicht gezwungen fühlen, auf Frauenart zu sprechen, haben sie das Potenzial, sehr kommunikativ zu werden.

Dann kann er ein starker, schweigender Mann werden, der das Herz seiner Frau anspricht.

KONFLIKTE OHNE KRIEG
LÖSEN

Im Internet finden sich viele Zitate über Wut:

„Wer einem wütenden Menschen sagt, dass er sich beruhigen soll, könnte genauso gut versuchen, eine Katze zu taufen."

„Geh nie wütend ins Bett. Bleib auf und plane deine Rache."

„Du findest mich süß, wenn ich mich ärgere? Dann mach dich auf etwas gefasst: Jetzt laufe ich zu meiner Höchstform auf!"

„Wut ist das Gefühl, bei dem dein Mund schneller arbeitet als dein Kopf."

Die meisten dieser Zitate sind witzig, helfen aber bei der Suche nach einer Lösung nicht weiter. Das erwartet natürlich auch niemand. Eher überrascht es, dass über den Umgang mit Wut in Beziehungen bisher vergleichsweise wenige Forschungen angestellt wurden.

Das ist schade, denn dieses Thema betrifft jeden. Jeder von uns hat schon bei sich selbst und bei seinen Mitmenschen Wut erlebt. Wenn Ärger und Wut in Beziehungen auftreten, sollten wir wissen, wie wir damit umgehen können.

Mit einem verärgerten oder wütenden Menschen zusammen zu sein, kann ermüdend sein. Er versprüht sehr viel Energie, und das kann seine Mitmenschen auslaugen. Wenn wir versuchen, mit ihm ein Gespräch zu führen, kostet das viel Kraft. Nach einer Weile spüren wir, dass wir Abstand brauchen und selbst abkühlen müssen.

Wenn ein Mann wütend ist, kann das für die Frau sehr herausfordernd sein. Frauen stellen viele Verbindungen her, weil ihr Gehirn so angelegt ist. Ist ein Mann wütend, wollen sie die ganze Dynamik sehen, die dahintersteckt. Männer setzen den Bereich ihres Gehirns ein, der auf eine einzige Sache konzentriert ist, und sehen eine gereizte Situation als das, was sie ist: gereizt. Sie analysieren normalerweise nicht, was der wütende Mensch sagt oder tut; sie regen sich nur auf und gehen davon aus, dass sich der andere besser beherrschen sollte.

Jemand fasste die typische Reaktion eines Mannes auf Ärger kurz und prägnant zusammen: „Ich müsste meinen Ärger nicht beherrschen, wenn andere lernen könnten, ihre Dummheit zu beherrschen." Wenn ihn jemand aufregt, geht er einfach davon aus, dass der andere das Problem wäre.

Wir werden alle irgendwann wütend. Das ist ein menschliches Gefühl, und wir sind alle Menschen. Wenn also jemand sagt: „Ärgere dich nicht", sagt er damit im Grunde: „Sei kein Mensch."

Der Ärger in einer Beziehung ist üblicherweise die Folge eines Konflikts. Zwei Menschen haben unterschiedliche Meinungen. Ist die Angelegenheit wichtig genug, dann versuchen sie, die Sache zu klären. Aber wenn beide denken, sie wären im Recht, wollen sie die Meinung des anderen überhaupt nicht hören. Vielmehr fühlen sie sich verpflichtet, den anderen davon zu überzeugen, dass er im Unrecht ist und sich ändern müsste. Die Folge? Jemand ärgert sich.

Ein Konflikt ist nichts Schlimmes, solange er zwei Menschen nicht auseinandertreibt. In einem solchen Fall wächst der Ärger weiter, und im Laufe der Zeit bauen sich Barrieren auf. Wenn zwei Menschen zusammenwachsen, kommt es immer auch zu Konflikten. Möchten beide auf jeden Fall an der Beziehung festhalten, kann ein vernünftiger Konflikt das Wachstum sogar fördern.

Laut dieser Definition ist eine Beziehung ohne Konflikte eine stagnierende Beziehung. Jemand hat einmal gesagt, wenn zwei Menschen in allem einer Meinung sind, dann ist einer von ihnen überflüssig. Es geht nicht darum, herauszufinden, wer im Recht ist und wer im Unrecht. Vielmehr ist es ein Prozess, bei dem man von den Unterschieden profitieren und kreative Lösungen suchen sollte. Das ist ein Konflikt ohne Krieg.

Unterschiedliche Herangehensweisen an Konflikte

Dennis streitet mit seiner Frau Connie wegen einer Flasche Grillsoße. Sie hatte ihn gefragt, ob sie ihm etwas aus dem Supermarkt mitbringen solle, und er hatte gesagt: „Texassoße." Sie brachte statt einer „richtigen" Soße eine Flasche kalorienreduzierte Texassoße mit. Connie hatte gedacht, es wäre das Gleiche, hätte aber weniger Kalorien.

„Bist du verrückt?", schreit er. „Das ist keine Texassoße. Das schmeckt nach Chemie. Wenn ich eine künstliche Texassoße gewollt hätte, hätte ich das gesagt." Sie ist verletzt, weil sie nur versucht hat, auf eine gesunde Ernährung zu achten. Er ist sauer, weil sie nicht das getan hat, was er erwartet hat.

Zuerst schreit er. Dann schweigt er und stapft ins Wohnzimmer, um ein Fußballspiel anzuschauen. Sie folgt ihm und versucht, mit ihm zu sprechen, aber er ist zu wütend, um ihr eine Antwort zu geben. Sie haben ein Kommunikationsproblem. Wegen einer Grillsoße.

Sie weiß nicht weiter und ruft ihre beste Freundin Linda an. Connie erzählt ihr, was passiert ist. Linda hört ihr mitfühlend zu und sagt: „Ich schicke Marc zu euch. Die beiden sind doch gern zusammen. Vielleicht kann er ihn dazu bewegen, darüber zu sprechen."

Marc sagt zu Linda: „Bist du verrückt? Auf keinen Fall! Das ist deren Problem und nicht unseres. Vergiss es!"

Dieses Beispiel beschreibt, was Untersuchungen belegen: Männer und Frauen reagieren auf Konflikte unterschiedlich. Frauen setzen ihre verbindende Hirnsubstanz ein, um verschiedene Strategien zu finden, wie dieser Konflikt gelöst werden könnte. Wenn sie keine Lösung finden, suchen sie bei Freunden Unterstützung. Sie denken immer darüber nach, wie sich ein anderer Mensch fühlt, und deshalb fühlen sie sich getrieben, das Problem so schnell wie möglich zu lösen. Geht ihr Mann nicht darauf ein, dann regt sich in der Frau ein Gefühl von Verzweiflung.

Ein Mann fühlt sich in einem Konflikt mit einer Frau oft machtlos, weil er nicht so viele „Waffen" besitzt. Sie stellt verschiedene Verbindungen her, um Lösungen zu finden, und zählt eine nach der anderen auf. Da er sich auf eine Sache konzentriert, hat er diese Möglichkeiten nicht und bekommt das Gefühl, als könnte er nicht mithalten. Sein Gehirn ist mehr darauf konzentriert, das Gesicht nicht zu verlieren. Deshalb setzt er starke Gefühle als Waffe ein.

Jeder hat zwar schon erlebt, dass Männer und Frauen unterschiedlich mit Konflikten umgehen. Allerdings gibt es keinen eindeutigen Beweis, dass eine Methode besser wäre als die andere. Sie sind nur verschieden. Es kann nicht das Ziel sein, Konflikte zu vermeiden, denn sie sind die Grundlage für den Reifungsprozess in einer Beziehung. Wenn ein Paar nicht miteinander über Streitpunkte sprechen kann, werden beide in ihrer Beziehung immer unzufriedener.

In Wirklichkeit geht es darum zu lernen, wie man während eines Konflikts so kommuniziert, dass man das Problem anpackt und nicht den anderen angreift. Wenn zwei Menschen lernen, gemeinsam auf dieses Ziel hinzuarbeiten, können sie Kommunikationsfertigkeiten entwickeln, die auch schweren Situationen gewachsen sind.

Niemand sieht gut aus, wenn er den anderen schlecht aussehen lassen will. Bei Beziehungen geht es darum zusammenzuarbeiten, und nicht darum, sich voneinander zu entfernen.

Wie kann eine Frau einen Mann während eines Konflikts verstehen?

„Er ist eben ein Mann." – „So sind Männer nun einmal."

Es ist weit verbreitet, alle Männer in eine Schublade zu stecken. Dabei geht man davon aus, dass

1. alle Männer die gleichen Eigenschaften haben,
2. diese Eigenschaften negativ sind,
3. Frauen mit diesen negativen Eigenschaften einfach leben müssen, weil Männer eigensinnig sind und sich nicht ändern.

Es stimmt, dass es jedem schwerfällt, sich zu ändern. Aber alle Männer in eine Schublade zu stecken, ist falsch. Damit raubt man einer Frau die Möglichkeit, die Einzigartigkeit ihres Mannes zu erkennen und darauf aufzubauen.

Im Laufe der Jahre wurden verschiedene Modelle entwickelt, um Menschen besser verstehen zu können. Diese Modelle verwenden Beschreibungen, Farben, Tiere und andere Beispiele, mit denen menschliches Verhalten eingeordnet wird.

Bei den Recherchen für dieses Kapitel habe ich ein Modell gesucht, das Frauen helfen kann, ihren Mann zu verstehen. Es gibt zwar verschiedene hilfreiche Modelle, aber ich fand keines, das für alles anwendbar wäre. Deshalb habe ich zwei Modelle gewählt, die ähnliche Beobachtungen über Männer verwenden und Frauen bei Konflikten am ehesten weiterhelfen können.

Das eine Modell betrachtet die *Reaktion* des Mannes, während das andere sein *Temperament* berücksichtigt. Die Kombination dieser beiden Modelle führt zu keinen absoluten Antworten und erhebt auch nicht den Anspruch, Männer vollkommen zu verstehen. Mir geht es hier um die unterschiedlichen Arten, wie Männer mit Konfliktsituationen umgehen.

Zwei unterschiedliche Reaktionsstile

Betrachten wir zuerst, wie Männer reagieren. Bei meinen Untersuchungen entdeckte ich ein Muster, das sich oft wiederholt: Die meisten Männer sind in ihrer Reaktion auf verschiedene Situationen entweder von Angst oder von Ärger getrieben. Erleben von *Ärger* getriebene Männer eine frustrierende Situation, dann steigt ihr emotionaler Energiepegel. Ihre Einstellung treibt sie von Natur aus zu den herausfordernden Gesprächen. Ihr Eroberungswunsch wird stimuliert und sie weichen nicht zurück. Ihre emotionale Energie wächst und liefert den Treibstoff für ihr Denken und ihre Reaktion.[18]

Männer, die von *Angst* getrieben werden, erleben in der gleichen Situation auch einen Anstieg ihrer emotionalen Energie. Aber es ist eine andere Art von Energie. Ihre Energie treibt sie von dem Konflikt weg. Sie nehmen eine defensive und keine offensive Haltung ein und machen sich Sorgen, dass bei dem Dialog etwas

Schlimmes passieren könnte. Ihre Haltung ist pessimistisch. Sie meiden Konflikte und wollen sich aus allem heraushalten, bevor es für sie zu unangenehm wird. Sie konzentrieren sich auf die Angst vor den möglichen negativen Folgen. Ihre Konzentration ist nach innen gerichtet.

Ärgerliche Menschen marschieren auf den Konflikt zu. Ängstliche Menschen meiden den Konflikt.

Zwei unterschiedliche Temperamenttypen

Gleichzeitig gibt es zwei verschiedene Temperamenttypen: *Introvertierte* und *Extrovertierte*. Ich habe schon in früheren Büchern über die unterschiedlichen Temperamente geschrieben, weil man die Motivation hinter dem Handeln eines Menschen viel besser versteht, wenn man weiß, was für ein Temperamenttyp er ist.

„Introvertiert" ist etwas anderes als „schüchtern". Ich bin ein introvertierter Mensch, aber trotzdem ziemlich laut. Ich verdiene meinen Lebensunterhalt mit Sprechen und bin den ganzen Tag mit Menschen zusammen. Aber wenn ich mit Menschen zusammen bin, kostet mich das viel Kraft. Ich bin gern mit ihnen zusammen, doch je länger wir miteinander sprechen, umso mehr geht mir die Luft aus. Irgendwann muss ich mich allein zurückziehen, um wieder aufzutanken. Introvertierte tanken Kraft, wenn sie allein sind, und brauchen sie auf, wenn sie mit Menschen zusammen sind.

Extrovertierte können gesprächig oder schweigsam sein, aber sie tanken auf, wenn sie mit anderen zusammen sind. Sie füllen ihre Kraftreserven auf, wenn sie mit Menschen zusammen sind, und verbrauchen viel Kraft, wenn sie zu lange allein sind. Sie verarbeiten ihre Ideen, indem sie laut darüber sprechen, während Introvertierte ihre Ideen verarbeiten, wenn sie allein sind. Einfach ausgedrückt: Introvertierte denken, *bevor* sie sprechen, und Extrovertierte denken, *während* sie sprechen.

Extrovertierten fällt es oft schwer, die nachdenkliche Art von Introvertierten zu verstehen. Sie meinen, ihre Beziehungen wären viel leichter, wenn die Introvertierten nur von ihrer stillen Art „geheilt" werden könnten. Introvertierte *bevorzugen* es nicht nur, etwas allein zu verarbeiten; sie können gar nicht anders.

Wenn ein Introvertierter und ein Extrovertierter eine Beziehung eingehen, entsteht eine herausfordernde Dynamik. Für eine gelingende Beziehung ist es nötig, das Temperament des anderen zu respektieren und zu schätzen. Haben Frauen erkannt, welcher Temperamenttyp ihr Mann ist, können sie ihn viel besser verstehen und erfolgreich mit ihm kommunizieren.

Vier Kategorien

Kombiniert man die zwei Reaktionsstile und die zwei Temperamenttypen miteinander, ergeben sich vier Kategorien:

1. von Ärger getriebene Extrovertierte
2. von Angst getriebene Extrovertierte
3. von Ärger getriebene Introvertierte
4. von Angst getriebene Introvertierte

Es ist fast unmöglich, einen Mann genau in der Mitte eines der vier Quadranten zu platzieren. Es handelt sich hier um kein wissenschaftliches Modell, das als Konkurrenz zu bereits bestehenden Modellen gemeint wäre. Es soll lediglich veranschaulichen, von welchen Menschentypen wir sprechen, wenn wir im Folgenden die Motive von Männern betrachten und überlegen, wie Frauen sinnvoll damit umgehen können.

	Ärger	Angst
extrovertiert	von Ärger getriebene Extrovertierte	von Ärger getriebene Introvertierte
introvertiert	von Angst getriebene Extrovertierte	von Angst getriebene Introvertierte

1. Von Ärger getriebene Extrovertierte

Diese Männer können aggressiv und durchsetzungsfähig wirken. Es kann leicht passieren, dass sich eine Frau angegriffen fühlt, weil diese Männer forsch und sehr direkt sein können. Diese Kombination beschreibt einen Mann, der auf den Konflikt zugeht, ohne von seiner Position abzurücken. Er ist oft kein guter Zuhörer, weil er so viel Zeit darauf verwendet, selbst zu reden. Der Umgang mit ihm kann frustrierend sein, da es ihm anscheinend mehr darum geht, recht zu haben, als eine Beziehung zu haben.

Extrovertierte denken, während sie sprechen. Das heißt nicht, dass ein Extrovertierter an das, was er gerade sagt, unverrückbar glauben würde. Das ist zwar möglich, aber wahrscheinlich will er nur seine Gedanken laut überprüfen. Es ist wichtig, dass Sie sich nicht einschüchtern lassen. Das wird Ihnen leichter fallen, wenn Sie wissen, was wirklich bei ihm im Kopf abläuft. Sie werden diese Kombination nicht ändern können, aber wenn Sie die Hintergründe verstehen, können Sie anders damit umgehen. Machen Sie sich bewusst, dass die Meinung, die er im Moment so unverrückbar vertritt, nicht unbedingt sein letztes Wort ist und sich morgen schon wieder ändern könnte.

Da er laut denkt, können Sie sich einbringen und Dinge nachfragen. Versuchen Sie, gelassen zu reagieren, denn seine Gedanken zu diesem Thema befinden sich noch im Entwicklungsstadium. Wenn Sie ihm die richtigen Fragen stellen, hilft ihm das, seine Gedanken in gute Bahnen zu lenken.

2. Von Angst getriebene Extrovertierte

Diese Männer können den Eindruck vermitteln, als befürchteten sie, dass der Himmel ihnen gleich auf den Kopf fiele. Sie zählen alles auf, was schieflaufen könnte, und können leicht in ein negatives Denken abgleiten. Eine Frau kann in dieser Situation schnell auf die Idee kommen, ihm helfen zu wollen, weil sie sich wegen seiner pessimistischen, irrationalen Gedanken Sorgen macht.

Seine Gedanken nehmen Form an, während er spricht. Sie haben sich nicht schon vorher entwickelt. Es sind impulsive Gedanken oder sogar nur Träume, die er ausspricht, sobald sie ihm durch den Kopf gehen. Er kann sie allerdings so darstellen, als wäre er von dem, was er sagt, fest überzeugt. Achten Sie darauf, dass Sie sich von ihm nicht emotional nach unten ziehen lassen. Setzen Sie auch nicht sofort logische Argumente ein, um seine Begründungen zu widerlegen, wenn er dieses starke Gefühl hat. Sonst treiben Sie ihn dazu, sich noch mehr Gründe auszudenken, die sein Denken rechtfertigen.

Hören Sie mitfühlend zu und konzentrieren Sie sich mehr darauf, was er fühlt und zum Ausdruck bringt, als darauf, die Gültigkeit seiner Aussagen zu hinterfragen. Gehen Sie die eigentlichen Themen erst zu einem späteren, neutraleren Zeitpunkt an und sagen Sie einfach: „Das klingt, als machtest du dir deshalb wirklich große Sorgen. Sehe ich das richtig?"

3. Von Ärger getriebene Introvertierte

Diese Männer brauchen viel Zeit, um zu denken. Sie empfinden während eines Konflikts tiefe Gefühle, wissen aber noch nicht, was sie sagen wollen. Als Erstes sind sie oft frustriert, und das äußert sich häufig als gereiztes Schweigen. Ihr Ärger treibt sie dazu, sich der Situation zu stellen. Gleichzeitig sind sie frustriert, weil ihre Gedanken noch nicht zufriedenstellend sind. Ihre Gefühle sind real, aber sie wissen nicht, wie sie sie in Worte fassen sollen, während der Konflikt in Gang ist. Wenn Sie zu früh versuchen, mit ihm zu sprechen, kann seine Frustration noch größer werden.

Erkennen Sie seine Frustration an, aber drängen sie ihn nicht zu einer Antwort. Lassen Sie ihn wissen, dass Ihnen bewusst ist, wie stark seine Gefühle sind, und geben Sie ihm Zeit, um nachzudenken. Sie könnten zum Beispiel sagen: „Ich sehe, dass du sehr frustriert bist und dass du starke Gefühle in dieser Sache hast. Ich würde gern wissen, was du denkst, aber du brauchst wahrscheinlich erst etwas Zeit, um alles zu verarbeiten. Stimmt das?"

Wenn Sie so mit seinen Gefühlen und noch unklaren Gedanken umgehen, fühlt er sich nicht angegriffen, sondern respektiert. Das ermöglicht ihm, die Sache ohne Druck zu verarbeiten. Da Sie ihm nun diesen sicheren Rahmen gegeben haben, können Sie ihn bitten, mit Ihnen über die Sache zu sprechen, nachdem er genug Zeit hatte, sie zu verarbeiten. „Können wir heute Abend weiter darüber sprechen, wenn du Gelegenheit hattest, dir das alles durch den Kopf gehen zu lassen? Ich schätze deine Sicht wirklich sehr, und es wäre mir wichtig, dass wir das gemeinsam klären."

4. Von Angst getriebene Introvertierte

Mit einem solchen Mann haben Sie es besonders schwer, es sei denn, Sie wissen, was in ihm abläuft. Er zieht sich in sich selbst zurück, und Sie haben keinen greifbaren Ansatzpunkt. Da er Konflikte nicht mag, geht er ihnen aus dem Weg. Er will nicht mit Ihnen streiten, aber wenn er seine Gefühle zeigt, riskiert er vielleicht einen Konflikt. Deshalb denkt er, er müsste allein damit fertigwerden und könnte das Problem nicht mit Ihnen gemeinsam angehen. Stellen Sie sich eine Schildkröte vor, die zum Selbstschutz den Kopf unter ihren Panzer zieht.

Vergessen Sie nicht: Er hatte noch keine Zeit, seine Gedanken zu verarbeiten. Wenn Sie ihn bedrängen und Informationen haben wollen, bevor er dazu bereit ist, zieht er sich zurück. Aus Ihrer Sicht sieht es vielleicht so aus, als würde es ihn nicht interessieren. Das kann frustrierend sein, weil Sie das Gefühl haben, sie müssten etwas erzwingen, da sonst nichts passieren würde und von seiner Seite nichts käme.

In Wirklichkeit ist bei ihm sehr viel Energie im Spiel. Sie ist nur nach innen und nicht nach außen gerichtet. Machen Sie sich bewusst, wie es ihm in dieser Situation geht, und schaffen Sie eine Umgebung, in der er sich sicher fühlt. Er muss fühlen, dass Sie sein Verhalten nicht kontrollieren wollen. Er braucht die Sicherheit, dass er Sie als Partnerin hat und Sie ihn respektieren. Sie könnten ihm beispielsweise sagen: „Ich sehe, dass dir das wichtig ist und dass du wahrscheinlich Zeit brauchst, um dir das alles durch den Kopf gehen zu lassen. Richtig? Aber vergiss nicht, dass du diese Sache nicht allein in Ordnung bringen musst. Wir sind ein Team. Was hältst du davon, wenn wir uns beide Zeit nehmen, um uns das Ganze durch den Kopf gehen zu lassen, und dann ein paar Steaks grillen? Nach dem Essen können wir vielleicht spazieren gehen und uns darüber austauschen."

Strategien für ein gutes Verständnis

Das sind keine garantierten Methoden, mit denen Sie jeden Konflikt in der Beziehung mit Ihrem Mann automatisch lösen könnten. Diese Tipps können Ihnen aber helfen, zielgerichtet vorzugehen. Ihr Herz hilft Ihnen, Mitgefühl zu haben, und das ist unschätzbar wertvoll. Ihr Kopf hilft Ihnen, in einer Konfliktsituation die

Sprache Ihres Mannes zu sprechen, statt sich von Ihren Gefühlen leiten zu lassen.

Es passiert leicht, dass Sie aus dem Bauch heraus reagieren, wenn sich Ihr Mann in einem Konflikt anders verhält als Sie. Wenn Sie Ihren Mann besser kennenlernen, können Sie verständnisvoller auf ihn eingehen. Lernen Sie, seine Einzigartigkeit zu schätzen, und konzentrieren Sie sich darauf, gemeinsam an Themen zu arbeiten, statt sich gegenseitig zu bekämpfen.

Was ist der Schlüssel zur Kommunikation mit einem Mann bei einem Konflikt? Lassen Sie sich von Ihrem Verstand und nicht von Ihren Gefühlen leiten. Wenn Sie sich von Ihren Gefühlen leiten lassen, geraten Sie mit seinen Gefühlen in Konflikt. Lassen Sie sich aber von Ihrem Kopf leiten, dann sprechen Sie sein Herz an.

Männer sind so programmiert, dass sie gewinnen wollen, aber das muss nicht auf Ihre Kosten geschehen. „Win-win" kann für einen Mann genauso befriedigend sein wie ein Sieg.

Tief in seinem Herzen will Ihr Mann für Sie da sein. Er ist eine Beziehung zu Ihnen eingegangen, weil er Sie wertschätzt. Er will, dass Sie gewinnen, aber nicht, wenn er dabei verliert. Wenn Sie seinen Drang zu gewinnen respektieren, kämpft er auf Ihrer Seite.

Es gibt einige einfache Strategien, die einem Mann während eines Konflikts Sicherheit geben:

Drängen Sie ihn nicht an die Wand und zwingen Sie ihn nicht, Ihnen seine Gefühle mitzuteilen. Geben Sie ihm Zeit, die Dinge zu verarbeiten. Wenn er die Sache für sich geklärt hat, lässt er Sie normalerweise an sich heran.

Fassen Sie sich kurz, wenn Sie bei einem Konflikt etwas sagen. Wenn Sie zu viel sprechen, fühlt sich ein Mann überrollt und kann sich nicht konzentrieren. Er fühlt sich, als säße er in einem Fuchsbau, während aus allen Richtungen Schüsse abgefeuert werden. In einer solchen Situation lässt er Sie nicht in seinen Fuchsbau hinein.

Teilen Sie ihm Ihre Gedanken mit „Ich"-Botschaften statt mit „Du"-Botschaften mit. Wenn Sie sagen: „Du machst immer dicht, wenn wir miteinander reden", fühlt sich ein Mann angegriffen. „Wenn unser Gespräch mittendrin aufhört, bin ich frustriert", trifft es genauer und verhindert, dass er eine Verteidigungshaltung einnimmt. Statt „Du verstehst das einfach nicht, oder?" könnten Sie sagen: „Ich wünschte, ich könnte das deutlicher ausdrücken."

Achten Sie darauf, dass Sie ihm nicht indirekt sagen, **er** *läge falsch.* Konzentrieren Sie sich darauf, was falsch ist. Vielleicht liegt er tatsächlich falsch, aber wenn er angegriffen wird, gibt er das nie zu.

Machen Sie während eines Konflikts nicht gleichzeitig etwas anderes. Wahrscheinlich können Sie die Küche aufräumen, während Sie mit Ihrem Mann über einen Streitpunkt sprechen, aber Sie vermitteln ihm damit, dass Sie abgelenkt sind. Sein Gehirn konzentriert sich normalerweise immer auf eine Sache. Deshalb braucht er vielleicht den Augenkontakt zu Ihnen. Falls Sie sich nicht sicher sind, dann fragen Sie ihn, ob es hilfreich wäre, wenn Sie sich einfach zu ihm setzen würden.

Gleichzeitig fühlen sich die meisten Männer nicht wohl dabei, nur dazusitzen und ein „Problemgespräch" zu führen. Er fühlt sich sicherer, wenn er aktiv ist. Manchmal fällt es ihm leichter, seine Gedanken auszusprechen, wenn Sie miteinander spazieren gehen, weil er dabei etwas tut – und Ihnen nicht direkt in die Augen schauen muss. Miteinander spazieren zu fahren ist oft genauso hilfreich.

Beobachten Sie seine Augen. Extrovertierte schauen Ihnen oft in die Augen, während sie sprechen, wenden aber den Blick ab, wenn sie zuhören (deshalb sieht es so aus, als würden sie nicht zuhören). Bei Introvertierten ist es genau umgekehrt; sie schauen einem in die Augen, wenn sie zuhören, ihr Blick wandert aber überallhin, nur nicht zu Ihren Augen, wenn sie sprechen.

Leiten Sie schwierige Gespräche nie mit einer Kritik ein, etwa in der Art: „Du hörst mir nie zu. Darüber müssen wir endlich sprechen." Vielmehr sollten Sie das Thema auf eine Art ansprechen, die vermittelt, dass Sie es als Team anpacken wollen. „Ich möchte gern deine Meinung zu etwas hören", könnten Sie am Anfang sagen. „Darf ich dir sagen, was ich denke, und dann sagst du mir, was du dazu denkst? Wir können bestimmt einen Weg finden, der uns beiden zusagt."

Konflikte sind ein Zeichen, dass eine neue Phase im Reifungsprozess in einer Beziehung begonnen hat. Konflikte müssen nicht um jeden Preis vermieden werden. Wir müssen nur verstehen, was währenddessen bei unserem Partner abläuft, und eine sichere Umgebung für einen ausgeglichenen Dialog schaffen.

Streben Sie immer eine Lösung an, mit der Sie beide gut leben können. Vielleicht haben Sie den Eindruck, er würde um jeden Preis gewinnen wollen. Das kann passieren, wenn Sie den Konflikt als zwei gegnerische Einzelkämpfer sehen, denen es darum geht, wer recht hat und wer nicht. Entscheiden Sie, welche Themen so wichtig sind, dass Sie darüber diskutieren müssen, und bei welchen Themen Sie sich einig sind, dass es nichts ausmacht, wenn Sie sich darin uneinig sind. Bei den wichtigen Themen sollten Sie immer nach Lösungen suchen, die für Sie beide befriedigend sind.

Wenn Sie lernen, wie Sie Konflikte austragen können, ohne dem anderen den Krieg zu erklären, bauen Sie ein festes Fundament für Ihre Beziehung.

TEIL 5

WIE ER AN REIFE ZUNIMMT

Als Kind habe ich gern gemalt.

Ich hatte hauptsächlich Malbücher, aber ich habe auch gern auf leerem Papier etwas entworfen. In einer runden, rot-weißen Blechdose mit eng sitzendem Deckel bewahrte ich meine Wachsmalkreiden auf. Die meisten waren nur noch kurze Stumpen, und vom vielen Gebrauch war das Papier schon abgegangen. Die Kreiden, die noch am besten aussahen, waren schwarz, braun und weiß – die Farben, die ich nicht so oft benutzte.

Das Malen machte Spaß, aber ich fühlte mich in meiner Kreativität immer ein wenig eingeschränkt. Wenn man nur wenige Farben besitzt, hat man nicht so viele Möglichkeiten.

Einmal schenkten mir meine Eltern zu Weihnachten eine große Dose mit Wachsmalkreiden. Darin lagen mindestens hundert verschiedene Stifte. Sie waren in vier übereinanderliegenden Schichten in der Dose angeordnet, und alle Stifte lagen nebeneinander, als wollten sie sagen: „Nimm mich! Nimm mich!"

Ich fühlte mich wie im Himmel. Plötzlich sah ich Potenzial. Bei so vielen Farben hatte ich das Gefühl, ungeahnte Möglichkeiten zu haben. Mit dieser großen Auswahl konnte ich ganz neue Bilder malen.

Die einzigartigen Eigenschaften eines Mannes sind wie Wachs-malkreiden. Bei einer Frau ist es genauso. In vielen Beziehungen vergleicht ein Paar seine Stifte, um zu sehen, wer die besten hat. Sie haben Meinungsverschiedenheiten und versuchen herauszu-finden, welche Farbe die beste ist.

In solchen Situationen haben beide zwar viele Stifte, aber sie teilen sie nicht miteinander. Wenn sie lernen, miteinander zu tei-len, haben beide auf einmal eine unbegrenzte Anzahl von Farben zur Verfügung. Als Team haben sie das Potenzial, Meisterwerke zu schaffen.

Man könnte leicht auf die Idee kommen, ein Mann würde kaum an Reife zunehmen. Er würde immer so bleiben, wie er ist. Lebt er allein, mag das vielleicht stimmen.

Aber wenn er eine dynamische Beziehung zu einer Frau hat, die er liebt, kann er reifen und sich zu einem unglaublichen Menschen entwickeln. Im Folgenden möchte ich diesen Reifungsprozess beschreiben und zeigen, welche Umstände einen guten Nährbo-den bereiten, auf dem er reifen kann.

Das geschieht vor allem dann, wenn ein Mann in einer Bezie-hung zu einer Frau lebt. Durch ihren Einfluss und die Partner-schaft mit ihr bekommt er das Potenzial, sich zu einem Meister-werk zu entwickeln.

DER EINSAME COWBOY

„Echte Männer essen keine Quiche.“

Dieser Slogan wurde 1982 durch ein Buch populär, das diesen Titel trug.[19] In den darauffolgenden Monaten machten noch andere Sätze die Runde:

„Echte Männer weinen nicht.“

„Echte Männer rufen andere Männer nicht einfach an.“

„Echte Männer essen in einem Steakhaus keinen Fisch.“

„Echte Männer lassen eine Frau nicht grillen.“

„Echte Männer wischen nicht Staub.“

„Echte Männer stricken nicht.“

Das war eine Reaktion auf die sogenannte „Frauenbewegung“. Frauen fingen an, den gleichen Lohn, Chancengleichheit, politische Macht und eine bessere gesellschaftliche Stellung zu fordern. Bis zu dieser Zeit waren Männer traditionell die Anführer und Frauen die Gefolgschaft. Jetzt wurde Gerechtigkeit gefordert.

Die meisten Männer schöpften aus den traditionellen Rollen viel Selbstsicherheit und wussten nicht, wie sie mit der neuen Situation umgehen sollten. Sie fühlten sich wie Kinder, die ein Baumhaus nur für Jungen gehabt hatten, und jetzt wollten plötzlich die

Mädchen auch hinein und das Baumhaus dekorieren. Viele Männer hatten Angst, wohin das führen könnte. Wenn Frauen mehr wie Männer werden wollten, würde von Männern womöglich erwartet, mehr wie Frauen zu werden.

Das überstieg ihr Vorstellungsvermögen, und sie waren nicht sicher, wie sie darauf reagieren sollten. Da Männer ein Gehirn haben, das sich meistens nur auf eine Sache konzentriert, wussten sie nicht, wie sie diesen neuen Umständen begegnen sollten, ohne wie arrogante Idioten dazustehen. Also machten sie das Einzige, das sie konnten: Sie stellten kluge Sätze auf (wie die oben genannten), mit denen sie andere Männer herausforderten, ihr Mannsein nicht aufzugeben.

Plötzlich fühlten sich Männer bedroht. Sie liebten ihre Frau, aber sie liebten auch ihre Rolle als Beschützer und Versorger. Sie ahnten, dass es irgendwie richtig war, Frauen nicht wie Bürger zweiter Klasse zu behandeln. Gleichzeitig verstanden sie den Druck der Gesellschaft und der Medien als Aufforderung, weniger ein Mann zu sein.

Gleichberechtigung schien nicht zu bedeuten, die Frauen auf die soziale Ebene aufsteigen zu lassen, die Männer einnahmen, sondern vielmehr, dass Männer herabsteigen und sich mit ihnen in der Mitte treffen müssten. Männer empfanden das so, als wollten Frauen mehr wie Männer werden und Männer sollten mehr wie Frauen werden.

Niemand behauptet, dass dieses Denken logisch war, aber die Männer verstanden die Forderung nach Gleichberechtigung nun einmal so. Es kam ihnen wie ein Sozialismus der Geschlechter vor, bei dem die Reichen ihren Reichtum mit den Armen teilen müssen, damit jeder gleich viel hat.

Wie schon im ersten Kapitel angesprochen, war es im Grunde ein sprachliches Problem. „Gleichheit" ist etwas anderes als „Gleichsein", und diese Begriffe wurden durcheinandergebracht.

Von „Gleichsein" spricht man, wenn zwei Dinge identisch sind. Das meiste ist bei Männern und Frauen ähnlich. Beide haben einen Körper mit einem Skelett, einem Blutkreislauf, einem Herz und einem Gehirn. Bei unseren Fortpflanzungsorganen gibt es offensichtliche Unterschiede. Auch in unserem Gehirn gibt es grundsätzliche Unterschiede – sie betreffen den Aufbau, die Funktionsweise und die hormonellen Abläufe.

Ich erwähne diese Unterschiede deshalb hier noch einmal, weil sie die Voraussetzung für ein besseres Verständnis von Männern sind. In diesem Kapitel betrachten wir die Gründe, warum die Beziehungen eines Mannes ganz anders aussehen als die Beziehungen einer Frau. Die Unterschiede des Mannes wirken sich auf alle seine Beziehungen aus – zu sich selbst, zu anderen Männern und zu seiner Frau.

Die Knackpunkte

Männer sind nicht antiweiblich. Sie verstehen nur nicht immer, wie Frauen denken, und sie wissen nicht, wie sie damit umgehen sollen. Die meisten Männer haben keinen „Frauen-Versteh"-Kurs belegt. Sie haben ihr Leben lang sehr klare Gespräche mit anderen Männern und Jungen geführt (vielleicht auch noch mit ihrer Mutter).

Der Mann hat nicht die angeborene Fähigkeit, mit einer Frau sprechen und eine Beziehung zu ihr haben zu können. Er geht nach dem Prinzip „Trial and Error" vor – Versuchen und Irren (häufig Irren). Es kommt unweigerlich zu Problemen, weil

- er so programmiert ist, dass er kompetent aussehen und sich kompetent fühlen will. Deshalb bittet er nicht um Hilfe (und fragt nicht nach dem Weg).
- er eine Frau nicht um Hilfe bittet, sie zu verstehen, weil er dadurch nicht kompetent wirken würde. Deshalb tut er

so, als verstünde er sie, und wundert sich, wenn das nicht klappt.

- er auch andere Männer nicht um Hilfe bittet, Frauen zu verstehen, weil er vor ihnen auch nicht inkompetent wirken will. Da andere Männer die Frauen auch nicht verstehen, sprechen Männer nur darüber, dass die Frauen schwer zu verstehen sind.

Ihr Mann sitzt in der Klemme. Er versteht die Frauen nicht und kann niemanden um Hilfe bitten. Also versucht er, selbst aus ihnen schlau zu werden.

Das ist nicht nur in Bezug auf Frauen so. Männer verstehen auch andere Männer nicht immer. Sie sind gern mit ihnen zusammen, sie wollen etwas gemeinsam unternehmen, aber ohne dass große Erwartungen an sie gestellt werden. Ihre Beziehungen sind einfach, und sie versuchen nicht, die Gefühle der anderen in der Tiefe zu verstehen. Sie schauen miteinander Fußball oder unterhalten sich über ihre Arbeit. Solange alles gut läuft, geht es ihnen gut. Wenn die Situation angespannt wird, haben sie nicht immer den Drang, die Beziehung wieder zu kitten. Manchmal ziehen sie einfach stillschweigend weiter. Das ist für einen Mann keine große Sache.

In Bezug auf Beziehungen sind Männer unabhängig. Ein Mann handelt wie ein einsamer Cowboy. Er braucht niemanden, der ihm zeigt, wie eine Beziehung funktioniert (zugegeben, der Cowboy hat sein Pferd und seinen Hund, aber das ist etwas anderes). Den größten Teil seines Lebens kommt er auf diese Art sehr gut zurecht. Aber wenn er eine Beziehung zu einer Frau eingeht, die ihm sehr viel bedeutet, kann er sich nicht weiter so benehmen. Er will unbedingt, dass die Beziehung funktioniert, doch er hat das Gefühl, sich mitten auf dem Meer in einem Ruderboot ohne Ruder zu befinden.

Was können Sie als Frau also machen? Später zeige ich Ihnen

einige Möglichkeiten, wie Sie Ihrem Mann helfen können, Sie zu verstehen. Aber im Moment geht es mir darum, dass Sie erkennen, was in Bezug auf Beziehungen in seinem Kopf abläuft und warum Beziehungen für ihn so schwer sind.

Er ist so angelegt, dass er allein zurechtkommt, und braucht das Gefühl, kompetent zu sein. Diese Veranlagung wurde durch die Kultur, die Medien und andere Männer verstärkt, die sagen, dass echte Männer selbst eine Lösung finden müssen. Ein Mann hat große Absichten, aber nur begrenzte Mittel.

Von Jungen zu Männern

Es ist noch eine andere Eigenschaft im Gehirn von Männern fest verankert: der Drang, etwas Positives zu bewirken, einen Zweck zu erfüllen und etwas zu tun, das wirklich zählt. Das ist für ihn sehr wichtig. Deshalb ist es für einen Mann so schlimm, wenn er seine Arbeit verliert; ein großer Teil seiner Identität hat damit zu tun, was er in seinem Beruf leistet. Wenn er das nicht mehr hat, leidet oft sein Selbstvertrauen darunter. Kann er diesen Beitrag nicht mehr leisten, dann zweifelt er an sich, und diese Zweifel wirken sich auf alle Lebensbereiche aus.

Eine Frau sagt vielleicht zu ihrem Freund: „Mir ist egal, wie viel Geld du verdienst. Ich liebe dich, wie du bist." Das ist großartig, und das hört er gern. Aber *ihm* ist es nicht egal. Aus seiner Sicht wird er bezahlt, weil er etwas Wertvolles leistet. Je mehr er verdient, umso mehr Wertvolles leistet er. Deshalb betrachtet er das Geld als ein Zeichen dafür, dass er etwas bewirkt.

Vielleicht besitzt er bereits Millionen, will aber immer noch mehr. Es geht nicht um das Geld; es geht darum, wofür das Geld steht. Wenn er mehr verdient, bedeutet das, dass er einen größeren Beitrag leistet. Er erfüllt einen Zweck. Eines der größten Bedürfnisse eines Mannes wird gestillt: Er bewirkt etwas.

Niemand hätte damit gerechnet, dass Rick Warrens Buch *Leben mit Vision* die Bestsellerlisten erobert.[20] Das Buch ging weg wie warme Semmeln. Es wurde über dreißig Millionen Mal verkauft und ist das am zweithäufigsten übersetzte Buch der Geschichte (nach der Bibel). Auf dem Büchermarkt, der von weiblichen Lesern beherrscht wird, sprach dieses Buch auch Männer an. Ich nehme an, das lag an seinem Titel. Tief in ihrem Inneren wollen Männer eine Vision, einen Zweck, ein Ziel haben. Das ist die treibende Kraft in ihrem Leben. Kein Wunder, dass so viele Männer dieses Buch kauften!

Für einen Mann ist Selbstachtung eng mit diesem Zweck verbunden. Sie spielt für ihn von seiner frühesten Kindheit an eine wichtige Rolle.

Beharren auf Unabhängigkeit

Wenn Sie einen Jungen auf einen Spielplatz stellen, sucht er nach Möglichkeiten, durch Wettkampf und den Vergleich mit anderen aus der Masse herauszuragen. Er entwickelt seine Fertigkeiten und kann es nicht erwarten, sie zu testen und zu sehen, ob er unabhängig sein kann.

Mädchen reifen vielleicht körperlich und emotional früher als Jungen. Aber Jungen haben es in der Regel eiliger, sich loszureißen und flügge zu werden. Sie wollen sich von ihren Eltern nichts mehr verbieten lassen, reiben sich an den Regeln in der Schule und gehen bis an die Grenze des Erlaubten.

Sie wollen unabhängig sein. Sie wollen erwachsen sein. Warum? Dahinter steht der Drang, etwas zu tun, das zählt, selbst wenn ihre Motive nicht so offensichtlich sind. Als Kinder sind sie noch eingeschränkt und können diesen Beitrag nicht leisten.

Wenn Jungen die Schule abgeschlossen haben, fühlen sie sich frei. Aber sie sind noch nicht erwachsen. Es kann gut sein, dass

Jungen in ein Auto steigen und ohne ein bestimmtes Ziel losfahren. Das ist ein Symbol für ihre neu gefundene Freiheit. Nach einer Woche geht ihnen das Benzin, das Geld oder beides aus und sie müssen ihre Eltern anrufen.

Sie haben den Drang, verantwortungsbewusste Erwachsene zu werden, aber sie wollen trotzdem die Freiheit der Jugend nicht aufgeben. Sie haben Spaß, wohnen wahrscheinlich noch bei ihren Eltern und für sie ist die Verantwortung der Erwachsenen langweilig und einschränkend. Sie wollen erwachsen werden, aber das Erwachsenenleben und eine feste Arbeit sehen im Vergleich zu dem Leben, das sie im Moment führen, ziemlich abwechslungslos und trist aus. Deshalb ist es kein Wunder, dass sie es damit nicht eilig haben.

Als mein Schwiegersohn Brian seine College-Abschlussfeier hatte, stand er nach der Feier mit uns auf dem Parkplatz und wurde einen Moment ernst. „Ich will nicht erwachsen werden", sagte er. Das war ein Scherz, aber ich bin sicher, dass in diesen Worten auch ein Körnchen Wahrheit mitschwang.

Viele junge Männer wohnen noch bei ihren Eltern und haben einen Teilzeitjob. Sie wollen noch nicht in einen Beruf einsteigen. Damit verlängern sie ihre Jugend und schieben die Verantwortung hinaus. Aber je länger sie das Erwachsenwerden hinauszögern, umso schwerer wird es. Ihr Selbstwertgefühl leidet, weil sie nichts Positives in der Welt bewirken. Sie haben gelernt, in Videospielen zu gewinnen, aber nicht im wirklichen Leben.

Eisen wird durch Eisen geschärft

Männer werden von anderen Männern beeinflusst. Da sie nicht um Hilfe bitten, beobachten sie andere, um zu lernen, wie das Leben funktioniert. Wenn sie es hinauszögern, erwachsen zu werden, liegt das wahrscheinlich daran, dass sie das bei anderen Männern sehen. Entscheiden sie sich, erwachsen zu werden und Verantwortung zu übernehmen, dann ahmen sie wahrscheinlich das Verhaltensmuster anderer Männer nach, die sie respektieren.

Jemand hat einmal gesagt, dass wir so werden wie die fünf Menschen, mit denen wir die meiste Zeit verbringen. Das gilt besonders für Männer. Sie packen ihr Leben als Erwachsene so an, wie sie es bei anderen beobachten. Das geschieht dadurch, dass sie Zeit mit ihnen verbringen. Getreu dem biblischen Sprichwort: „Wie man Eisen durch Eisen schleift, so schleift ein Mensch den Charakter eines anderen.“[21]

Eine Frau sollte sich unbedingt bewusst machen, wie wichtig die Männerbeziehungen ihres Mannes sind. Diese Beziehungen sehen ganz anders aus als ihre, aber sie stillen Grundbedürfnisse ihres Mannes, die seine Frau nicht befriedigen kann. Er liebt sie, aber sie kann nicht alle seine Bedürfnisse stillen.

Was passiert, wenn Männer zusammen sind? Wie sehen ihre Beziehungen aus?

Männer sind loyal

Eine Frau fragt sich vielleicht, warum er mit einem alten Schulkameraden in Kontakt bleibt, von dem sie keine hohe Meinung hat. Normalerweise hat das mit seinem Loyalitätssinn zu tun. Er hat mit seinem Schulkameraden vielleicht nicht viel gemeinsam, aber sie haben irgendwann einen Teil ihres Lebens miteinander verbracht und bleiben deshalb in Kontakt.

Ich habe ehemalige Schulfreunde seit Jahrzehnten nicht mehr gesehen, aber auf Facebook haben wir gelegentlich Kontakt. Ich weiß, dass sie völlig andere Menschen sind als damals zu unserer Schulzeit, und genauso habe auch ich mich verändert. In vielen Fällen haben uns unsere Wege auseinander- und nicht zusammengeführt. Dennoch haben wir eine gemeinsame Vergangenheit, und die war gut.

Männer kommen in ihren Gesprächen ziemlich schnell zur Sache

Die meisten Männer sagen, was sie denken, und fürchten sich nicht davor, anderer Meinung zu sein als andere. Ein Mann macht sich keine Sorgen, was der andere vielleicht fühlt oder wie er reagiert, denn er weiß, dass sie beide das Gespräch schnell wieder vergessen. Wenn sie es nicht vergessen können, finden sie einen Vorwand, um den Kontakt abzubrechen.

Natürlich ist da die Sache mit dem introvertierten Mann. Viele Männer scheuen die Konfrontation und sagen deshalb nicht, was sie denken. Das heißt nicht, dass sie keine Meinung hätten. Es bedeutet einfach, dass sie sich aussuchen, mit wem sie streiten. Wenn es eine Beziehung ist, die ihnen wichtig ist, finden sie einen Weg, ihre Gedanken in Worte zu fassen.

In anderen Fällen geht ein Mann einer Konfrontation aus dem Weg, weil ihm die Beziehung nicht wichtig genug ist, um dafür zu kämpfen. Er sucht sich aus, wofür er kämpft, und investiert sich in die Dinge, die ihm wirklich wichtig sind.

Männer reden nicht viel über die Frau in ihrem Leben

Wenn Männer über ihre Frauen reden, dann nur sehr punktuell. Sie geben ein Gespräch, das sie zu Hause geführt haben, nicht Wort für Wort wieder. Ein guter Mann will seine Frau in kein schlechtes Licht stellen und er will nicht, dass seine Freunde schlecht von ihr denken. Deshalb schützt er ihren Ruf. Vielleicht lässt er eine Bemerkung fallen, dass er wegen etwas frustriert ist, aber er geht nicht ins Detail. Er sucht keine Antworten oder Ratschläge, nur ein wenig Unterstützung. Wenn ein Freund sagt: „Ja, ich verstehe dich. Manchmal weiß man nicht, was man dazu sagen soll", weiß er, dass er nicht allein ist.

Eine Frau unterhält sich vielleicht mit einer vertrauten Freundin über ein Gespräch, das sie mit ihrem Mann geführt hat. Ihr hilft das nämlich, ihre eigenen Gefühle zu ordnen. Wenn Männer in der gleichen Situation sind, sprechen sie eine halbe Minute darüber und unterhalten sich dann wieder über Motorenöl.

Männer sprechen mit anderen Männern normalerweise nicht viel über ihre Gefühle

Männer verwenden nicht viel Zeit darauf, über ihre *eigenen* Gefühle nachzudenken, geschweige denn über die eines anderen. Frauen fragen: „Was *empfindest* du dabei?" Männer fragen: „Was *denkst* du darüber?"

Vor einer Weile traf ich mich mit einem Freund, der Pastor einer großen Gemeinde ist. Er erzählte mir von einer herausfordernden Situation mit seinem Kirchenvorstand. Ich fragte: „Wie hast du dich dabei gefühlt?" Er schaute mich verständnislos an und sagte: „Gefühlt? Keine Ahnung. Wofür hältst du mich? Für eine Frau?"

Das heißt nicht, dass Männer keine Gefühle hätten. Aber vielleicht ist ihnen einfach nicht bewusst, welche Gefühle sie haben. Deshalb greifen sie auf Ersatzgefühle zurück. Wenn sie Angst haben oder traurig sind oder sich Sorgen machen, drücken sie das durch ein für Männer akzeptables Ersatzgefühl wie Ärger aus. In beiden Fällen haben sie nicht den Drang, ihren Gefühlen auf den Grund zu gehen, und sie werden definitiv nicht mit Männern darüber sprechen.

Männer suchen bei anderen Männern einen sicheren Ort, an dem keine Erwartungen an sie gestellt werden

Wenn das Leben schwer wird, zieht es Männer zu anderen Männern hin, damit sie die Sache gemeinsam in Angriff nehmen. Sie müssen nicht erklären, was sie denken oder fühlen, wenn sie das nicht wollen, und niemand verurteilt sie deshalb. Wird es im Leben kompliziert, dann ist es für einen Mann eine gute Therapie, mit Freunden ein Fußballspiel anzusehen. Das ist für ihn keine Flucht vor Problemen; er tankt nur auf, damit er danach den Kampf wieder aufnehmen kann.

Ich habe einmal gelesen, dass sich Frauen in einer Beziehung dem anderen zuwenden (im buchstäblichen und im übertragenen Sinn). Männer stehen in einer Beziehung eher nebeneinander und schauen in dieselbe Richtung. Aus eigener Erfahrung kann ich sagen, dass das die Sache ziemlich gut trifft. Meine Freunde versuchen nicht, meine Probleme für mich zu lösen. Sie sind bereit, mich auf meinem Weg zu begleiten, und ich muss ihnen nichts erklären.

Es bedeutet für einen Mann viel Arbeit, wenn er Dinge erklären und ihnen auf den Grund gehen soll. Deshalb spart er seine Energie, um das mit dem Menschen zu tun, der ihm am wichtigsten ist: mit seiner Frau.

Männer stellen sich Herausforderungen gemeinsam

Auch wenn Männer unabhängig sind, können sie aufgrund ihrer Loyalität gut als Team mit anderen Männern bei Herausforderungen zusammenarbeiten. Deshalb entsteht Kameradschaft unter Kollegen, wenn sie gemeinsam auf ein wichtiges Ziel hinarbeiten, und deshalb arbeitet eine Mannschaft auf dem Spielfeld gut zusammen. Deshalb haben Soldaten bei einem Einsatz ein starkes Zusammengehörigkeitsgefühl.

Wenn sich Männer ein Ziel setzen, das sie als lohnenswert erachten, tun sie alles, um einander zum Erfolg zu verhelfen.

Im Geschäftsleben werden Leitungsteams sehr geschätzt. Das sind kleine Gruppen, die auf einem bestimmten Gebiet Wachstum und Erfolg erreichen wollen und die wissen, dass sie gemeinsam mehr erreichen können als allein. Daher treffen sie sich regelmäßig, um Ideen auszutauschen, sich zu motivieren und einander

Rechenschaft abzulegen. Sie fordern sich gegenseitig heraus, entwickeln große Visionen und erzielen Erfolge, die niemand für möglich gehalten hätte.

Eine Kleingruppe von Männern, die sich während ihrer Treffen bei ihren Beziehungen zu ihren Frauen gegenseitig unterstützen wollen, ist wertvoll. Sie wissen, dass die Beziehungen zwischen Männern und Frauen nicht leicht sind, aber sie haben die feste Absicht, eine gute Beziehung zu leben. Männer brauchen die Anregungen anderer Männer, damit sie ihre Fähigkeiten im Umgang mit Frauen verbessern können. Ein Mann mit einer stabilen Persönlichkeit hat wahrscheinlich drei Männer in seinem Leben:

- einen, der älter und weiser ist – ein Mentor, der schon ein wenig weiter ist als er;
- einen, der jünger ist und weniger Erfahrung hat und dem er ein Mentor sein kann;
- einen auf seiner Ebene, mit dem er den Weg gemeinsam gehen kann.

Wenn Ihr Mann diese Beziehungen nicht hat, fehlt ihm vielleicht etwas Wertvolles. Sie könnten ihn ermutigen und ihm zum Beispiel vorschlagen:

> *„Hast du schon einmal daran gedacht, dich mit ... (einem älteren, weiseren Mann, den er respektiert) zu einem Bier zu treffen?"*
>
> *„Du scheinst einen guten Draht zu ... (einem jüngeren Mann mit weniger Erfahrung) zu haben. Er macht etwas Ähnliches durch, wie du es schon hinter dir hast. Hast du schon einmal daran gedacht, dich mit ihm zu treffen, damit er sich bei dir aussprechen kann?"*

„Wer ist dein bester Freund, der dich motiviert, dich weiterzuentwickeln?"

Der Drang zu reifen

Ich habe im Laufe der Jahre viele Gespräche mit Männern Anfang dreißig geführt, denen es schwerfällt, „erwachsen zu werden". Sie haben sich von den Medien und von Freunden verleiten lassen, ihre Jugend so lang wie möglich hinauszuziehen.

In diesem Alter wird ihr innerer Drang, ein verantwortungsbewusster Erwachsener zu werden, stärker, und die alten Verhaltensmuster werden für sie immer unbefriedigender. Je länger sie das Erwachsenwerden hinausschieben, umso mehr leidet ihre Selbstachtung, weil sie nicht das bewirken, wozu sie geschaffen sind.

Männer brauchen Unabhängigkeit und wollen sich kompetent fühlen. Das bedeutet nicht, dass ein Mann sein Leben losgelöst von seiner Frau führen will. Es bedeutet vielmehr, dass er eine reife Beziehung zu ihr haben kann, wenn er sich selbst als ganzer Mensch fühlt. Hat er das Gefühl, kompetent zu sein, dann kann er der Mann sein, den seine Frau braucht.

Ich habe neulich mit einem 32-Jährigen gesprochen, der seine Jugend sehr lange genossen hatte, aber endlich erwachsen wurde, seinen Beruf ernst nahm und die Frau seiner Träume heiratete. Das hat für ihn alles verändert. Als ich ihn fragte, was diese Veränderungen ausgelöst hatte, fasste er es gut zusammen: „Ich habe endlich beschlossen, erwachsen zu werden."

AUS ZWEI MENSCHEN EIN TEAM MACHEN

Ich habe einen Mann einmal sagen hören: „In unserer Familie habe ich die Hosen an. Meine Frau hat sie ausgesucht, aber ich habe sie an."

Das ist lustig formuliert, aber es ist ein gutes Beispiel dafür, wie sich zwei unterschiedliche Menschen ergänzen können, um gemeinsam bessere Ergebnisse zu erzielen. Männer sind in einigen Bereichen besser und Frauen beherrschen andere Dinge besser. Wenn sie zusammenarbeiten und beide ihre Stärken einbringen, erreichen sie ein besseres Ergebnis, als wenn es einer allein versuchen würde.

Männer und Frauen sind in Bezug auf ihren Wert, ihre Einzigartigkeit und ihre Leistungen ebenbürtig. Das heißt aber nicht, dass sie in jeder Hinsicht ganz genau gleich wären. Wenn das so wäre, gäbe es in Beziehungen keine Konflikte, aber auch nicht die Möglichkeit zu reifen.

Die Gesellschaft und die Medien vermitteln ziemlich dürftige Bilder von Männern und Frauen. Sobald die Kommunikation zwischen ihnen nicht gut läuft, ist die gängige Meinung, dass der Mann daran schuld wäre. Er ist derjenige, der sensibler werden und mehr zuhören, besser kommunizieren und seine Gefühle besser zum Ausdruck bringen müsste.

Ein Mann bekommt immer wieder die Botschaft zu hören: „Du liebst deine Frau nicht richtig und musst dich ändern."

Ich habe mit vielen Männern gesprochen und häufig gehört, dass sie solche Aussagen sehr frustrieren. Ein Mann sagte: „Ich höre ständig, dass Frauen sensibler wären und besser kommunizieren könnten als Männer. Aber wer sagt denn, dass die Art und Weise der Frau richtig wäre?"

Ein anderer Mann zählte die Dinge auf, die Männer besser können als Frauen. Zum Beispiel haben sie mehr körperliche Kraft und arbeiten zielstrebiger auf Lösungen hin. Er sagte: „Wie kommt es, dass niemand den Frauen sagt, sie sollten sich anstrengen, um stärker zu werden, weniger zu reden und schneller zu Lösungen zu kommen?"

Das ist ein interessanter Gedanke. Wenn man davon ausgeht, dass sich Männer und Frauen ändern müssten, ist das, als würde man einem Hund und einer Katze sagen, dass sie einander ähnlicher werden müssten, um besser miteinander auszukommen. Jedem ist klar, dass das Unsinn ist, denn Hunde verhalten sich logischerweise wie Hunde und Katzen wie Katzen. Niemand erwartet, dass eine Katze die Leine holt und ihren Besitzer schwanzwedelnd auffordert, mit ihr Gassi zu gehen.

Die Lösung liegt darin, die Unterschiede zu kennen, sie zu akzeptieren und zu respektieren – und dann mit diesen Gegebenheiten richtig umzugehen.

Beziehungen, in denen Unterschiede fast nur *kritisiert* werden, müssen irgendwann gekittet werden.
Beziehungen, in denen Unterschiede *toleriert* werden, brauchen viel Pflege.

Beziehungen, in denen Unterschiede *gefeiert* werden, reifen und blühen auf.

Kochkurs

Männer und Frauen haben *allgemeine* Eigenschaften, in denen sie sich voneinander unterscheiden. Jeder Mensch hat aber auch *konkrete* einzigartige Eigenschaften, die er in eine Beziehung einbringt. Wenn zwei Menschen zusammenwirken, haben Sie eine viel größere Palette an Eigenschaften, als sie einer der beiden allein besitzt. Vermischt man diese Eigenschaften miteinander, dann bekommt man unendlich viele Ergebnisse.

Es ist so ähnlich, wie wenn Sie in Ihrer Küche kochen. Sie können zwar auch mit nur wenigen Zutaten kochen. Aber die Möglichkeiten sind begrenzt. Wenn Sie die Anzahl Ihrer Zutaten verdoppeln, haben Sie ein riesiges Potenzial an verschiedenen Gerichten, die Sie zubereiten können. Sie werden nicht jedes Mal beim Kochen alle Zutaten brauchen, aber Sie haben viel mehr Möglichkeiten allein dadurch, dass sie Ihnen zur Verfügung stehen.

Die Behauptung, die Eigenschaften einer Frau wären besser als die eines Mannes, ist genauso falsch, als würde man sagen, dass Zucker besser wäre als Salz. Zucker bringt eine gewisse Süße, und die meisten Menschen mögen diesen Geschmack. Aber wenn man das Salz weglässt, wird das Essen fad und geschmacklos. Salz ist wichtig, um andere Geschmacksnuancen zu verstärken.

Natürlich kann man es auch übertreiben. Zu viel Salz ruiniert das ganze Essen. Kochanfängern fehlt die Erfahrung, wie viel sie nehmen sollen. Deshalb halten sie sich an erprobte Rezepte, die ihnen genau sagen, wie viel sie von jeder Zutat nehmen müssen, damit sie die besten Ergebnisse erzielen. Im Laufe der Zeit bekommt der Koch immer mehr Erfahrung und nimmt sich die

Freiheit, sich seine eigenen Variationen auszudenken. Er probiert es immer wieder, was nicht immer unbedingt zu den besten Ergebnissen führt, aber er versucht es weiter, bis er sein Rezept perfektioniert hat.

Auch große Köche müssen nach wie vor die richtigen Zutaten haben. Sie brauchen Zucker. Sie brauchen Salz. Und sie müssen wissen, welche Menge sie für ein bestimmtes Rezept nehmen müssen.

Genauso läuft es in Beziehungen. Die Unterschiede zwischen Männern und Frauen führen zu den größten Ergebnissen, wenn sie mit Sorgfalt und in der richtigen Kombination eingesetzt werden. Am Anfang einer Beziehung finden Männer und Frauen ihre Unterschiede attraktiv. Wenn sich ein Paar allerdings nur darauf konzentriert, dass sich der andere ändern sollte, können sie nichts Neues schaffen. Sie bleiben beide bei denselben alten Rezepten, die sie schon immer verwendet haben. Arbeiten sie aber zusammen und entdecken und schätzen sie diese Unterschiede, dann eröffnet sich ihnen eine ganze Welt an Möglichkeiten.

Wir sollten sehr vorsichtig sein und es nicht einfach als Tatsache hinnehmen, dass Männer ihre Frauen nicht richtig lieben können, nur weil die Medien und die Gesellschaft das sagen. Denn sonst rauben wir der Beziehung die wichtigsten Zutaten: *die Unterschiede zwischen Mann und Frau.*

Synergie suchen

Unsere Enkel haben meiner Frau zum Muttertag Sukkulenten geschenkt. Es war ein perfektes Geschenk, weil jedes Kind eine Sukkulente ausgesucht hatte und ihr erklärte, warum es sich ausgerechnet für diese Pflanze entschieden hatte.

Die elfjährige Averie suchte eine grüne Sukkulente mit einem einzigartigen Muster aus. Sie dachte, diese Pflanze wäre etwas ganz

Besonderes, weil sie schnell wachsen und kleine, weiße Blüten hervorbringen würde. Sie wusste, dass Oma Blumen liebt.

Die achtjährige Elena wählte eine Sukkulente mit einem dunkelgrünen unteren Teil und einem leuchtend orangeroten oberen Teil aus. Sie fand, diese Pflanze sehe exotisch aus, und sie wusste, dass Oma den Strand liebt.

Der fünfjährige Marco entschied sich für eine buschige, haarige, grüne Pflanze, weil er fand, dass sie wie eine Tarantel aussehe.

Es war das perfekte Geschenk, weil es die Persönlichkeiten der Kinder zum Ausdruck bringt. Die Mädchen legten Wert auf die Einzigartigkeit und Farbe und überlegten, was Oma gefallen könnte. Der Junge suchte eine Pflanze aus, die ihn an ein Insekt erinnerte.

Welche Pflanze war die beste? Selbstverständlich das komplette Arrangement, denn alle zusammen machen die größte Freude. Die Individualität bleibt erhalten, aber die Kombination ist eine ständige Erinnerung daran, dass diese kleinen Persönlichkeiten alle zusammen unser Leben so reich beschenken.

Das nennt man *Synergie*. Synergie bedeutet, dass verschiedene Dinge zusammenkommen und etwas völlig Neues bilden, ohne dass ihre Individualität verloren geht.

Zu Synergie fallen mir zwei Bilder ein: ein Obstsalat und ein Orchester. In einem Obstsalat kombiniert man Erdbeeren, Pfirsiche, Bananen oder andere Obstsorten. Aus dieser Kombination entsteht ein völlig neuer Geschmack, aber trotzdem kann man nach wie vor die einzelnen Obstsorten schmecken. In einem Orchester werden unterschiedliche Instrumente kombiniert, um Töne zu erzeugen, die einen Konzertsaal füllen können, aber man hört trotzdem immer noch die einzelnen Instrumente.

Als unsere Kinder noch kleiner waren, besuchten wir mit ihnen ein Konzert von John Williams. Die Musik bestand aus Themen, die sie vielleicht erkennen würden, einschließlich Film- und Cartoonmusik. Wahrscheinlich waren sie noch zu jung dafür, denn nach einer Weile verloren sie das Interesse.

Ein Freund gab ihnen ein Fernglas, damit sie die Orchestermitglieder aus der Nähe betrachten konnten. Sie entwickelten ein Spiel und versuchten, jedes Instrument in dem Moment spielen zu sehen, in dem sie es hörten. Wenn also die einmaligen Töne eines Fagotts, einer Oboe oder eines Horns erklangen, suchten sie das Orchester ab, bis sie den Musiker fanden, der gerade spielte. Am Ende des Abends konnten sie alle Instrumententöne mit den Musikern in Verbindung bringen. Die kombinierten Töne des Orchesters waren erstaunlich, aber die einzelnen Töne waren immer noch da.

Das ist Synergie. Die Unterschiede in einer Beziehung bringen ein Ergebnis hervor, das größer ist, als es eine der Personen allein schaffen würde. Dennoch verlieren sie nicht ihre Einzigartigkeit. Wenn sich ein Paar wegen seiner Unterschiede ständig aneinander reibt, verliert es das Potenzial, etwas Großes zu bewirken. Können sie diese Unterschiede hingegen schätzen und feiern, dann haben sie grenzenlose Möglichkeiten.

Und wenn er das Problem ist?

Am Anfang unserer Ehe bezahlte ich die Rechnungen und führte ich das Haushaltsbuch. Wir verdienten nicht viel, und das Geld war immer knapp. Diane kam zum Beispiel zu mir und fragte: „Haben wir genug Geld, um einen neuen Läufer zu kaufen, der vor dem Sofa liegen könnte?"

Ab diesem Moment wurde es interessant. Ich wollte von ganzem Herzen, dass sie glücklich ist und dass sie mich als guten Ehemann sieht, der seine Frau versorgen kann. Wenn ich also sagen würde: „Nein, wir haben dafür kein Geld", wäre sie vielleicht enttäuscht, und ich würde vielleicht als inkompetent dastehen. Also sagte ich: „Klar. Geh einkaufen", egal, ob wir das Geld hatten oder nicht.

Mir war nicht bewusst, welchen Schaden ich damit anrichtete. Mit meinen begrenzten Mitteln und meiner begrenzten Erfahrung in puncto Beziehungen sprach ich mit ihr nicht über unsere angespannte Finanzsituation. Mein Verstand schaltete automatisch auf Lösungsmodus: *Ich kann nicht Nein sagen, wenn sie einen Läufer will. Ich muss mir einfach überlegen, wie mehr Geld ins Haus kommt.* Es war meine Aufgabe, das Problem zu lösen, aber nicht mit ihr darüber zu sprechen. Das wäre, als würde ich um Hilfe bitten – und das tut ein Mann nicht gern.

Gleichzeitig war es für Diane schwer, mich nach unseren Finanzen zu fragen, weil ich jedes Mal eine Verteidigungsposition einnahm. Ihr kam es so vor, als wollte ich sie ausschließen und aus unserem Geld ein Geheimnis machen. Tief in meinem Herzen hatte ich das Gefühl, dass ich die Sache nicht gut anpackte. Mein Selbstwertgefühl litt, weil ich das Problem nicht lösen konnte. Ich hatte das Gefühl, es wäre meine Schuld, dass wir nicht genug Geld hatten. Deshalb konnte ich sie nicht wissen lassen, was wirklich los war.

Sie wollte mir vertrauen, aber sie spürte, dass etwas nicht stimmte. Wir wussten beide nicht, was wir tun sollten. Ich dachte, sie nörgle an mir herum, und sie dachte, ich wäre verantwortungslos. Wir stellten uns dem Problem nicht gemeinsam; wir sahen uns gegenseitig als das Problem. Das erzeugte eine Kluft zwischen uns, über die wir nicht sprachen. Die Kluft entstand, weil wir von Vermutungen ausgingen.

Auf meine unreife Art verheimlichte ich ihr diese Dinge, da mir ihr Glück so wichtig war und da ich sie so sehr liebte. Ich wollte das Beste für sie und wusste nicht, wie ich das anstellen sollte. Deshalb wich ich diesem Thema aus. Ich dachte, wenn wir nicht darüber sprechen, würde sich wenigstens niemand aufregen.

Wahrscheinlich könnte man es Stolz nennen, aber es war mehr. Es war eine typisch männliche Reaktion, hinter der ehrbare Motive standen. Keiner von uns sprach über das Problem und wir suchten auch nicht gemeinsam nach einer Lösung. Wir arrangierten uns und warteten ab.

Eine Win-win-Lösung

Erst als wir in eine Krise schlitterten, fingen wir an, unser Kommunikationsmuster zu hinterfragen. Das Thema Finanzen war zu einem Problem geworden, von dem wir beide wussten, über das wir aber nicht sprachen. Außerdem waren wir wegen unserer Unterschiede frustriert.

Das Problem wurde schließlich so schlimm, dass wir es nicht länger ignorieren konnten, und wir waren gezwungen, ein „Problemgespräch" zu führen. Es war unangenehm, weil wir dem anderen keine Vorwürfe machen wollten (oder zugeben wollten, dass wir etwas falsch gemacht hatten). Als wir endlich darüber sprachen, wie wir das Problem *gemeinsam* anpacken könnten, wurden wir ein Team.

Uns ging ein Licht auf, als wir feststellten, dass bei mir die rechte Gehirnhälfte, die für Kreativität zuständig ist, stärker ist, und bei Diane die linke, die für Organisation zuständig ist. Wenn man einem kreativen Menschen die Finanzen anvertraut, führt das in die sichere Katastrophe. Ja, ich wollte eine Lösung finden, aber ich begeisterte mich sofort für jede kreative Lösung, die helfen könnte. Diane war logisch und ging systematisch vor und wollte eine dauerhafte Lösung für das Problem.

Uns wurde bewusst, dass es am besten wäre, wenn sie unsere Finanzen in die Hand nähme. Sie würde die Rechnungen pünktlich bezahlen, und wir wüssten immer, wie viel Geld wir hatten. Gleichzeitig vereinbarten wir, dass wir oft über unsere Finanzen sprechen wollten, um sicherzugehen, dass wir beide am gleichen Strang zogen. Das erlaubte mir, mich immer noch kompetent zu fühlen, weil ich an einer Lösung beteiligt war, die zum Erfolg führte.

Außerdem fühlte ich mich als erfolgreicher Ehemann, weil wir auf eine Weise zusammenarbeiteten, die uns beide befriedigte. Wenn das Geld knapp wurde, musste ich mich nicht mehr wie ein Versager fühlen und sie musste nicht mehr mit meiner Unreife fertigwerden. Wir stellten uns dem Problem einfach gemeinsam und sprachen darüber.

Das liegt jetzt Jahre zurück, und wir kommen ziemlich gut zurecht. Aber diese alten Verhaltensmuster wollen sich manchmal immer noch einschleichen und wir müssen uns dann daran erinnern, dass es darum geht, gemeinsam das Problem zu bekämpfen und nicht uns gegenseitig anzugreifen.

Wir sind ein Team, und so soll es auch bleiben. Wenn das funktioniert, läuft alles besser.

Die Kraft der Komplimente

Eine Frau fragte: „Warum muss ich jedes Mal ein großes Trara daraus machen, sobald er eine Kleinigkeit macht? Kann er nicht einfach akzeptieren, dass ich seine Bemühungen schätze?"

Ehrlich gesagt: nein. Ein Mann will etwas bewirken, effektiv sein und gewinnen. In erster Linie will er das bei Ihnen. Er will Ihr Held sein, auch wenn er das vielleicht nicht laut sagt. Ein Mann ist nicht auf einem Egotrip. Er ist einfach eine größere Version des kleinen Jungen auf dem Spielplatz, der sagt: „Schau, was ich mache!"

Manchmal arbeite ich in der Garage an einem Projekt und stoße auf ein Problem, das ich nicht lösen kann. Ich komme nicht weiter und muss es mir ein paar Stunden durch den Kopf gehen lassen. Wenn ich endlich eine Lösung finde, ist das ein herrliches Gefühl. Ich habe das Problem in Angriff genommen und eine kreative Lösung gefunden. Ich habe es besiegt. Ich habe gewonnen.

Raten Sie, was ich als Nächstes mache? Richtig! Ich gehe ins Haus und erzähle Diane, was ich gemacht habe. Normalerweise hole ich sie in die Garage, um es ihr zu zeigen, auch wenn sie die technischen Details vielleicht überhaupt nicht versteht. Warum? Ich will gelobt werden. Nichts auf der Welt fühlt sich besser an, als wenn sie „ein Trara daraus macht", dass ich eine Lösung für ein Problem gefunden habe. Fragen Sie mich nicht, warum das so ist. Ich weiß es nicht. Mein Gehirn arbeitet einfach so. Mir ist bewusst, dass Diane das nur macht, weil sie weiß, wie viel es mir bedeutet. Aber dadurch wird es noch besser; sie macht es nur, um mir eine Freude zu machen.

Frauen wollen, dass ihr Mann sagt: „Ich liebe dich." Männer wollen ihre Liebe ebenfalls ausdrücken, sind aber mit Worten oft nicht so geschickt. Die meisten Männer drücken ihre Liebe eher durch Taten als durch Worte aus. Erkennt ein Mann jedoch, wie wichtig diese Worte für eine Frau sind, schafft er es, sie zu sagen, auch wenn er sich dabei nicht ganz wohlfühlt.

Genauso ist es für eine Frau nicht selbstverständlich, die Leistungen ihres Mannes mit viel Trara zu loben. Dabei bedeutet dieses Lob einem Mann genauso viel wie einer Frau liebevolle Worte. Anerkennung und Dank motivieren einen Mann, und eine weise Frau gibt ihm, was er braucht. Das ist mehr, als ihm nur für das zu danken, was er macht (obwohl das auch wichtig ist). Es bedeutet, dass sie seine Fähigkeiten mit Worten bestätigt, die seine Bedürfnisse stillen: „Das ist ja genial. Wie hast du das geschafft?"

Gleichzeitig ist es ihm wichtig, dass Sie Ihren Dank ausdrücken für die Kleinigkeiten, die er macht. Übergehen Sie sie nicht einfach. Reagieren Sie mit kurzen, ehrlichen Bemerkungen wie: „Das war nett. Danke" oder „Nur damit du es weißt: Mir ist nicht entgangen, dass du gestern Abend deine Wäsche in den Korb gelegt hast. Danke". Wenn er Ihnen die Tür aufhält, dann geben Sie ihm das Gefühl, ein Sieger zu sein, indem Sie ihm sagen: „Wow, das ist ja herrlich. Ich habe nicht viele Freundinnen, deren Mann ihnen die Tür aufhält."

Oder antworten Sie einfach mit Ihrer weiblichen Art auf seine männliche Art. Wenn er Ihnen zufällig die Fernbedienung reicht, dann schauen Sie ihm in die Augen und sagen Sie: „Danke, ich liebe dich auch."

Sie denken jetzt vielleicht: *Okay, das habe ich verstanden. Aber was ist mit mir? Was ist, wenn ich das alles für ihn mache, er für mich aber überhaupt nichts macht?*

Das ist eine berechtigte Frage, aber sie ist nicht Thema dieses Buches. Wie ich schon am Anfang sagte: Dieses Buch will Frauen helfen, Männer zu verstehen. Wenn Frauen diese Unterschiede verstehen, können sie sich überlegen, wie sie aufgrund dieser neuen Erkenntnisse reagieren wollen. Der Versuch, andere Menschen zu ändern, führt selten zum Erfolg. Der einzige Mensch, den wir immer ändern können, sind wir selbst. Wir können unsere Einstellung und unser Handeln ändern.

Das ist wie beim Tanzen. Wenn wir unsere Bewegungen beim Tanzen verändern, ist unser Partner in der Lage zu überlegen, wie er mit uns tanzt. Wir entscheiden, wie wir tanzen, und unser Partner entscheidet, wie er reagiert.

Lernen Sie immer mehr, für Ihre Unterschiede dankbar zu sein, und bekämpfen Sie sie nicht. Das ist die beste Grundlage für Synergie und für eine erstklassige Beziehung.

WARNSIGNALE
IN EINER BEZIEHUNG

Ich wusste es sofort.

Als ich auf die Stufen zu unserer Holzterrasse im Garten zuging, fiel mein Blick auf den Boden. Unmittelbar vor der ersten Stufe sah ich kleine, braune Punkte auf dem Beton. Ich versuchte, mir einzureden, das wäre nur Erde, die der Wind angeweht hatte, aber ich wusste aus Erfahrung, was es war: Exkremente.

Genauer gesagt, Termitenexkremente. Ich habe sie schon oft genug gesehen und wusste, was dieser Anblick bedeutet. Termiten können Holz von innen zerfressen, ohne dass man von außen etwas sieht. Deshalb sind Termiten so gefährliche Schädlinge. Man weiß nicht, dass ein Schaden angerichtet wurde, weil äußerlich alles gut aussieht. Dabei ist etwas, das wie ein intaktes Holzstück aussieht, zu einer leeren Hülle geworden. Man erkennt das Problem erst dann, wenn man einbricht. Oder wenn das Haus einstürzt.

Aber lange, bevor das passiert, tauchen die kleinen Kügelchen auf. Sie sind ein untrüglicher Hinweis, dass es ein Problem gibt.

Ich sah die dunklen Punkte und mein Verstand lief auf Hochtouren. Ich dachte sofort an das Geld, das ein Kammerjäger kostete. Dann rechnete ich dazu, wie teuer es werden würde, das beschädigte Holz auszutauschen. Und schließlich überlegte ich, wie viel Arbeit es bedeutete auszuziehen, während am Haus gearbeitet würde. Ich wusste nicht, wie viel Schaden schon angerichtet war, aber mir war klar, dass wir ein Problem hatten.

Ich bin ein Mann, und ich brauchte eine Lösung. Deshalb nahm ich einen Besen und kehrte die Spuren weg.

Problem gelöst.

Im Laufe der nächsten Monate tauchten diese Spuren immer wieder auf und ich kehrte sie immer wieder weg. Ich sagte nichts zu meiner Frau, denn dann hätte ich (ihr und mir selbst) eingestehen müssen, dass wir ein Problem hatten. Solange es keine Spuren gab, gab es auch kein Problem.

Schließlich fiel mir auf, dass diese Punkte immer häufiger auftauchten. Also sprachen wir endlich darüber und überlegten, was wir tun wollten. Daraufhin entfernte ich die Bretter, behandelte die Stufen und erneuerte das beschädigte Holz. Ich hatte den Termitenbefall früh genug erkannt, sodass es nicht so schwer war, das Problem zu beseitigen. Schließlich bestellten wir noch eine Schädlingsbekämpfungsfirma, die das ganze Haus auf Termiten untersuchte, weil uns bewusst war, wie gefährlich es sein kann, wenn man sie unterschätzt. Es gab noch einige andere Stellen, an denen etwas gemacht werden musste, und das erledigte die Firma.

Das Ergebnis? Wir machen uns im Moment keine Sorgen um Termiten, weil wir das Problem gelöst haben.

Aber ich halte immer die Augen offen, damit ich neue Schädlingsspuren rechtzeitig erkenne.

Schädlingsspuren in einer Beziehung

Wenn Sie ein Haus kaufen, schauen Sie es sich vorher genau an. Sollten Sie Schädlingsspuren sehen, werden Sie sich fragen, wie es um den Zustand des Hauses bestellt ist. Wenn Sie nichts sehen, gehen Sie davon aus, dass alles in Ordnung ist und Sie einziehen können. Sie freuen sich darauf, in Ihrem neuen Haus zu wohnen. Termiten sind das Letzte, an das Sie denken, und Sie richten sich nach und nach schön ein.

Das Gleiche gilt auch in Beziehungen. Wenn Sie einen Mann kennenlernen, schauen Sie ihn sich genau an. Er ist interessant und er sieht gut aus. Sie können sich eine Beziehung mit ihm vorstellen. Sie suchen nach Schädlingsspuren und überlegen, ob er eine solide Investition ist oder nicht. Wenn Sie keine Spuren finden, lassen Sie sich erfreut auf die Beziehung ein und gehen davon aus, dass alles in Ordnung ist.

Einige Zeit später bemerken Sie die kleinen Punkte. Sie ernten einen Blick, den Sie noch nie bei ihm gesehen haben, oder Sie hören in seiner Stimme eine Gereiztheit oder eine Frustration, die Ihnen bei ihm neu ist. Sie nehmen diese Neuentdeckung kaum bewusst wahr, aber sie erzeugt ein unangenehmes Gefühl. Sie wollen es nicht ansprechen, weil Sie diese aufregende neue Beziehung nicht gefährden wollen. Also kehren Sie den Dreck weg.

Nach einer Weile passiert es wieder. Dann wird es immer häufiger, aber Sie hoffen, dass es kein echtes Problem ist. Nach einer Weile erkennen Sie ein Muster, und Sie können es nicht länger ignorieren.

Als Sie es ansprechen, regt er sich auf und geht in die Defensive. Es wird zum Tabuthema. Ihre Beziehung leidet und Ihre Kommunikation läuft nicht gut. Sie haben das Gefühl, dass sich nie etwas ändert und dass Sie die Gelegenheit für eine reife Beziehung, über die wir in den letzten Kapiteln gesprochen haben, verpasst haben.

Ist es zu spät? Besteht noch Hoffnung?

Banal gesagt: Solange beide Seiten noch leben, ist es nie zu spät. Menschen können sich ändern, und sie ändern sich oft dann, wenn man es am wenigsten erwartet (und aus den seltsamsten Gründen). Es gibt *immer* Hoffnung.

Aber es gibt *nie* eine Garantie.

Früherkennung

Wir gehen davon aus, dass die Beziehung noch nicht völlig aus dem Ruder gelaufen ist. Falls Sie schwerwiegende Probleme in Ihrer Beziehung haben, hilft Ihnen ein Buch wie dieses zwar, die Probleme zu verstehen, aber es kann sie nicht lösen. Dafür brauchen Sie vielleicht professionelle Hilfe. Sind Beziehungen nicht mehr in Ordnung, dann gibt es keine schnelle Lösung.

Wenn ich mich in den Finger schneide, hole ich mir ein Pflaster und Jod, damit der Heilungsprozess in Gang gesetzt wird. Habe ich aber einen bösartigen Tumor, brauche ich die Hilfe eines erfahrenen Arztes.

Der Ernst des Problems entscheidet, welche Behandlungsmethode richtig ist. Hier sind einige Symptome, auf die Sie achten sollten:

- Ihr Mann ist in Gesprächen insgesamt negativ.
- Er versucht, Sie zu manipulieren und sagt Dinge wie: „Wenn ich dir wirklich wichtig wäre, würdest du heute Abend zu Hause bleiben, statt zu diesem Yogakurs zu gehen."
- Er verabsolutiert: „Du tust nie …" oder „Du machst immer …"
- Er will Konflikten durch Humor ausweichen.
- Er wechselt das Thema, sobald es unangenehm wird.
- Er wertet Ihre Meinung ab: „Ach, vergiss es! Das ist unvernünftig!"
- Er hat nie eine eigene Meinung und gibt bei all Ihren Äußerungen nur nach, um seine Ruhe zu haben.

Die meisten Menschen reagieren hin und wieder auf eine dieser Arten. Wenn Ihr Mann gelegentlich eines dieser Symptome zeigt, bedeutet das nicht, dass es ein großes Problem gibt. Sie sollten allerdings auf zwei Dinge achten: die *Menge* und die *Häufigkeit*. Je mehr dieser Symptome Sie sehen und je häufiger sie auftreten, umso dringender wird es, sie anzusprechen.

Die Frage lautet: „Wie gehe ich mit diesen Warnsignalen in meiner Beziehung um?"

Angst vor Schädlingsspuren

Einige Frauen haben Angst, unangenehme Themen anzusprechen, besonders in der Anfangsphase einer Beziehung. Sie haben Angst, den Mann zu verlieren, deshalb tun sie so, als wäre alles in Ordnung. Aber dadurch wird die Beziehung auf Unehrlichkeit aufgebaut und kann sich nicht vertiefen. Mit der Zeit entwickeln Sie eine Abneigung gegen ihn, weil das Problem nicht verschwindet. Er spürt das und zieht sich noch weiter zurück. Ihr Mann empfindet Ihr Verhalten als unfair, weil Sie nichts gesagt haben.

Wenn eine Frau wegen dieser ungeklärten Probleme frustriert ist und nicht weiß, was sie tun soll, spricht sie ihn vielleicht darauf an oder verliert die Beherrschung und sagt ihm deutlich, dass er sich endlich anders benehmen solle. Das ist die einzige Möglichkeit, die sie kennt, um ihn überhaupt zu irgendeiner Reaktion zu bewegen, ganz nach dem Motto: *Wenn ich ihm nicht ständig in den Ohren liege, ändert er sich nie.*

Dieser letzte Satz ist der Kern des Problems, egal, ob sie ihn laut ausspricht oder nur denkt. Die häufigste Reaktion einer Frau auf Beziehungsprobleme ist das Gefühl, ihr Leben werde sich erst bessern, wenn sich ihr Mann ändert. Leider ist diese Einstellung der sichere Weg in die Katastrophe. Denn bei dieser Einstellung geht man von zwei Annahmen aus:

1. Sie könnten einen anderen Menschen ändern.
2. Der andere wäre das Problem.

Darüber haben wir schon gesprochen, aber ich möchte diese beiden Annahmen noch einmal getrennt betrachten.

Annahme 1: Sie könnten einen anderen Menschen ändern

In meinem Buch *People Can't Drive You Crazy If You Don't Give Them the Keys* („Andere Menschen können Sie nur in den Wahnsinn treiben, wenn Sie es ihnen erlauben") erkläre ich, dass Sie Ihr Glück nicht von den Entscheidungen anderer Menschen abhängig machen dürfen.[22] Sobald unser persönliches Wohlbefinden davon abhängt, was ein anderer Mensch macht, sehen wir uns selbst als Opfer. Wir übernehmen nicht mehr die Verantwortung für unser Leben; wir haben die Verantwortung einem anderen übergeben. Eleanor Roosevelt drückte das sehr treffend aus: „Niemand kann dir das Gefühl geben, minderwertig zu sein, wenn du es ihm nicht erlaubst."[23]

Für eine reife Beziehung sind zwei reife Menschen nötig, nicht zwei halb reife Menschen, die hoffen, dadurch ganz zu werden. Ich kann einen anderen Menschen nicht zwingen, sich zu ändern, aber ich kann Einfluss auf ihn ausüben. Wie? Dadurch, dass ich den Menschen ändere, über den ich die Kontrolle habe: mich selbst. Wenn ich reife und mich verändere, hat es mein Partner mit einem anderen Menschen zu tun. Dann reagiert er auf diese „neue" Person automatisch anders.

Es gibt Dinge, die ein Mann ändern kann, und Dinge, die er nicht ändern kann. Wenn er ein schlechtes Verhalten an den Tag legt, ist das etwas, an dem er arbeiten sollte. Hier muss er Veränderungen vornehmen. Aber wenn er sich als Mann einfach nicht anders verhalten kann und Sie versuchen, ihn zu ändern, ist Frustration vorprogrammiert.

Annahme 2: Der andere wäre das Problem

„Liegt das denn nicht auf der Hand?", fragen Sie vielleicht. „Bei mir lief alles gut, bis er auftauchte und alles durcheinanderbrachte."

Gehen wir ein paar Schritte zurück und versuchen, diese Aussage objektiv zu betrachten. Mit dem nötigen Abstand könnte man sagen: „Ein solcher Satz klingt ein wenig arrogant." Denn er sagt aus, dass die Frau alles richtig machen würde und sich nur der Mann ändern müsste. Es wird nicht berücksichtigt, dass sie sich vielleicht auch seiner Art, Dinge anzupacken, anpassen muss. Außerdem wird impliziert, die einzige Lösung bestünde darin, dass er mehr wie eine Frau wird. Und die Chance, dass das passiert, ist gleich null.

Zwei Menschen können in einer Beziehung nicht glücklich werden, wenn sich einer der beiden völlig zurücknehmen muss. Eine Beziehung funktioniert nur dann, wenn beide mit ihrer Einzigartigkeit und all ihren Unterschieden zusammenkommen und ein Team bilden. In diesem Team entsteht etwas Stärkeres als das, was einer von ihnen allein schaffen könnte. Sie erleben Synergie.

Einen Mann ändern

Was könnten Sie zu Ihrem Mann sagen, wenn das Problem bei ihm schon fortgeschritten ist und Sie das Gefühl haben, er wäre innerlich bereits „zerfressen"? Es gibt eine Lösung, die recht gute Erfolgsaussichten hat, auch wenn es dafür keine Garantie gibt. Sie ist auf jeden Fall besser, als ihn damit zu konfrontieren und ihn anzugreifen, denn das hilft garantiert *nicht* weiter.

Akzeptieren Sie, dass er ein Mann ist, und freuen Sie sich darüber, statt daran etwas ändern zu wollen.

Das ist wahrscheinlich nicht die Lösung, die Sie hören wollten. Es kommt Ihnen vermutlich eher so vor, als müssten Sie jede Hoffnung aufgeben, dass er sich je ändern wird.

Vergessen Sie nicht: Ich spreche hier nicht von einem falschen Verhalten. Wenn er in der Küche immer Chaos hinterlässt, nachdem Sie alles sauber gemacht haben, bringt er Ihnen damit nicht den nötigen Respekt entgegen. Das ist ein falsches Verhalten, und daran kann (und muss) er etwas ändern. Ich spreche hier von den Eigenschaften, die er hat, weil er ein Mann ist.

Wir haben gesehen, dass ein Mann das tief verwurzelte Bedürfnis hat, etwas Positives zu bewirken und erfolgreich zu sein. Ein guter Mann will das vor allem in der Beziehung mit Ihnen erleben.

Wenn Ihnen Dinge auffallen, die Sie reizen, kann es leicht passieren, dass Sie ihm bösartige Motive unterstellen. Sie meinen vielleicht, er wäre Ihnen gegenüber negativ eingestellt und wolle Ihnen das Leben schwer machen. Das ist eine gefährliche Annahme. Es kann nämlich genau das Gegenteil der Fall sein: Vielleicht möchte er Ihnen seine Liebe zeigen, aber leider funktioniert das nicht so, wie er es beabsichtigt. Er versucht es, aber er sieht, dass Sie nur auf das schauen, was Sie nicht bekommen, statt auf das, was er eigentlich beabsichtigt. Das ist für ihn frustrierend, weil er nicht weiß, wie er das Problem lösen soll (und für ihn ist es sehr wichtig, Probleme zu lösen).

Angenommen, Sie haben eine ganze Stunde damit verbracht, den Holzboden in der Küche zu schrubben und zu polieren. Ein wenig später kommen Sie wieder in die Küche und sehen auf dem Boden die Schmutzspuren von seinen Schuhabdrücken. Ihre erste Reaktion ist Frustration oder Ärger: *Ich habe mir so viel Arbeit mit dem Boden gemacht, und er kommt herein und macht alles wieder dreckig! Ist es ihm denn völlig egal, dass es mich so viel Zeit gekostet hat, alles schön zu machen?*

Nein, das ist ihm nicht egal. Beziehungsweise, es wäre ihm nicht egal, wenn es ihm aufgefallen wäre. Er sieht den Schmutz nicht. *Er sieht auch die Sauberkeit nicht.* Wenn er Sie nicht beim Putzen gesehen hat, ist ihm wahrscheinlich überhaupt nicht aufgefallen, dass der Boden anders aussieht als vorher. Versuchen Sie mal, das Ganze aus seinem Blickwinkel zu betrachten.

Während Sie geputzt haben, hat er vielleicht draußen an einem Blumenbeet gearbeitet, weil Sie ihn darum gebeten haben. Ihr Mann hat das gemacht, weil er Sie glücklich machen will. Er hat sich auf dieses Projekt konzentriert und sich darauf gefreut, es Ihnen zu zeigen. Er ist wieder der kleine Junge, der sagt: „Schau, was ich gemacht habe!" Er hat den sauberen Fußboden gar nicht wahrgenommen.

Plötzlich bekommt er Probleme. Er hat den Boden nicht absichtlich oder aus Bosheit dreckig gemacht. Ihm ist der Boden einfach nicht aufgefallen, weil er sich auf etwas anderes konzentriert hat. Das heißt nicht, dass Sie nicht mit ihm darüber sprechen könnten. Aber Sie sollten verstehen, wie er denkt und wie aufgeregt er ist, statt ihm bösartige Motive zu unterstellen.

Es ist leichter, den Boden noch einmal zu putzen, als ihren Mann wieder aufzurichten. Vergessen Sie für dieses eine Mal den Fußboden und gehen Sie mit ihm hinaus und freuen sich mit ihm über das Blumenbeet. Zeigen Sie ihm, wie dankbar Sie ihm sind, weil er eine gute Arbeit gemacht hat. Wenn Sie dann beide ins Haus zurückgehen, können Sie freundlich sagen: „Ich habe gerade geputzt. Könntest du dir bitte die Schuhe ausziehen, bevor du hineingehst? Danke."

Wenn Sie seine natürlichen Eigenschaften nicht akzeptieren, konzentrieren Sie sich viel zu leicht nur auf das, was Sie stört. Sie denken nur daran, wie schlecht Sie sich wegen seines Handelns fühlen. Damit Sie sich in Zukunft schützen können, bauen Sie eine

Mauer um sich auf. Gleichzeitig glauben Sie, dass Sie seine Motive richtig deuten würden. Sie lassen ihn nicht an sich heran, weil Sie nicht verletzt werden wollen.

Es gibt Beziehungen, in denen sich Menschen ständig übereinander aufregen. Das liegt oft daran, dass sich jeder wünscht, der andere würde sich ändern. Besser wäre es, beide Partner würden den anderen einfach so akzeptieren, wie er ist.

Wenn zwei Menschen in einer Beziehung schließlich lernen, einander anzunehmen, wie sie sind, können sich beide Seiten entspannen. Fühlen sich beide als Einzelperson so angenommen, wie sie sind, dann fühlen sie sich sicher. Sie können in der Beziehung ganz sie selbst sein. Dann können sie immer reifer werden.

Interessant ist, dass das, was uns in Beziehungen am meisten aufregt, oft genau die Dinge sind, die uns am Anfang zueinander hingezogen haben. Sie haben sich in seine starke Persönlichkeit verliebt, aber jetzt fühlen Sie sich davon unterdrückt. Sie haben seine ruhige Art und sein Selbstvertrauen geliebt, aber jetzt schweigt er Ihnen zu viel.

Sie denken: *Was ist passiert? Warum hat er sich geändert?* Aber er hat sich überhaupt nicht geändert. Sie sehen jetzt einfach beide Seiten dieser Eigenschaft.

Aus dem Gefängnis ausbrechen

Der österreichische Psychologe Viktor E. Frankl schrieb nach seiner Zeit in einem Konzentrationslager in seinem Buch *Man's Search for Meaning* (dt. Titel: *Der Mensch vor der Frage nach dem Sinn*): „Wenn wir eine Situation nicht mehr ändern können, sind wir herausgefordert, uns selbst zu ändern."[24] Er hatte gesehen, wie Menschen in schlimmen Umständen resignierten und starben, weil sie sich auf die Umstände konzentrierten, über die sie keine Kontrolle hatten. Andere in der gleichen Situation überlebten, weil sie sich darauf konzentrierten, wie sie mit diesen Umständen umgehen wollten.

Sie haben vielleicht das Gefühl, gefangen zu sein, und sehen keine Hoffnung, dass sich irgendetwas ändert. Sie sind gefangen, und das ist alles die Schuld des anderen. Sie sind sicher, dass er sich nie ändern wird, und sie träumen davon, dem Ganzen zu entfliehen. Was ist die Lösung?

Die Antwort ist das Gelassenheitsgebet, das Reinhold Niebuhr aufgeschrieben hat:

„Gott, gib mir die Gelassenheit, Dinge hinzunehmen, die ich nicht ändern kann, den Mut, Dinge zu ändern, die ich ändern kann, und die Weisheit, das eine vom anderen zu unterscheiden."[25]

Jedes Mal, wenn wir versuchen, einen anderen Menschen zu ändern, gehen wir von der Annahme aus, dass er etwas falsch machen würde und sich ändern müsste. Das Problem liegt bei ihm. Er ist das Problem. Wir machen alles richtig, und deshalb wird sich nur etwas ändern, wenn sich der andere ändert. Wie kann man die Zeilen dieses Gebets auf Ihre Beziehung zu Ihrem Mann übertragen?

Dinge, die ich nicht ändern kann: seine Eigenschaften als Mann und die einzigartigen Charakterzüge, die seine Persönlichkeit und sein Temperament ausmachen.

Dinge, die ich ändern kann: das Verhalten, das er sich im Laufe seines Lebens angewöhnt hat und das unsere Beziehung beeinflusst.

Weisheit, das eine vom anderen zu unterscheiden: Wir sollten aufpassen, dass wir beide Dinge nicht miteinander verwechseln.

Wenn Sie nur auf das schauen, was Sie nicht ändern können, werden Sie immer ein Opfer sein. Aber wenn Sie – mit Gottes Hilfe – die Dinge so sehen, wie sie wirklich sind, erleben Sie eine innere Freiheit.

Was lernen wir daraus?

Schädlinge sollten bekämpft werden, sobald man zum ersten Mal Anzeichen für ihr Vorkommen sieht. Diese Spuren sind ein Hinweis auf ein mögliches Problem, das einer Beziehung schaden kann, wenn es nicht rechtzeitig angegangen wird.

Wie gehen Sie mit Schädlingsspuren in einer Beziehung um? Sie können darüber sprechen und sich gegenseitig in Ihrer Einzigartigkeit annehmen. Sie bekämpfen sie als Team und ziehen sich nicht zurück und ignorieren nicht die Anzeichen.

Wenn in einer Beziehung beide Partner das Gefühl haben, dass der andere ihn so annimmt, wie er ist, können beide von einem Leben ohne Schädlinge träumen.

STRATEGIEN FÜR EIN HAPPY END

Kann eine Beziehung ein Happy End haben?

Ich war in der siebten Klasse, als ich zum ersten Mal eine Geschichte las, die nicht gut ausging. Bis dahin waren alle Geschichten, die ich gelesen hatte, gut ausgegangen. Es gab vielleicht Gefahren und Konflikte, aber am Ende war immer alles gut.

In der Schule mussten wir *Ein Feuer machen* lesen, eine Kurzgeschichte, die Jack London 1908 geschrieben hat.[26] Sie handelt von einem Mann, der bei Minusgraden am Yukon feststeckt und langsam erfriert. Er versucht, ein Feuer zu machen, kann aber die Streichhölzer nicht halten, weil seine Hände erfroren sind.

Endlich entfacht das Feuer (und ich sehe das Happy End schon vor mir). Doch von einem Zweig über ihm fällt Schnee auf das Feuer und löscht es aus. Der Mann versucht alles, aber seine Situation wird immer schlimmer. Schließlich legt er sich hin und schläft ein. Für immer. Sein Hund riecht „den Geruch des Todes" und läuft ins Lager zurück.

Ich erinnere mich, dass ich in der Schule saß und begreifen wollte, was gerade passiert war. Es dauerte Tage, bis ich mich davon befreit hatte. Zum ersten Mal wurde mir bewusst, dass es im Leben keine Garantie für ein Happy End gibt.

Wenn wir Kinder sind, erwarten wir ein Happy End. Als Erwachsene wollen wir immer noch ein Happy End, obwohl wir gelernt haben, dass wir den Ausgang nicht vorhersehen können. Wir wissen, dass es keine Garantien gibt, aber das hindert uns nicht daran, zu hoffen und es zu versuchen.

In ein Happy End investieren

Bei den meisten Beziehungen erwartet man am Anfang ein Happy End. Die Paare denken: *Mir tun alle anderen wirklich leid. Das, was wir haben, hat sonst niemand.* Sie glauben wirklich, dass sie etwas Besonderes haben (und das haben sie auch) und dass sie auf ein Happy End zusteuern.

Im Laufe der Zeit werden Beziehungen anstrengender. Denn wir sind echte Menschen mit echten Problemen, und das erzeugt Reibung. Einige Paare trennen sich, wenn diese Reibung auftritt, weil sie die Hoffnung auf ein Happy End aufgeben. Es ist zu anstrengend und zu hoffnungslos. Sie hören auf, an der Beziehung zu arbeiten, bis sie schließlich verkümmert und abstirbt.

Andere Paare reifen in solchen schweren Zeiten. Sie betrachten die Herausforderungen als Schritte, die sie stärker machen, und gehen sie gemeinsam an. Es kostet sie große Mühe, aber sie wollen unter allen Umständen ein Happy End. Sie haben entschieden, dass es sich lohnt, alles dafür zu riskieren, auch wenn sie keine Garantie haben.

Ihnen wird klar, dass der mögliche Lohn am Ende umso größer wird, je mehr Kraft sie in die Beziehung stecken.

Das ist vergleichbar mit einer Investition. Wir sehen Menschen wie Warren Buffet, einen angesehenen Investor. Menschen erfahren, dass er Multimilliardär ist (Happy End). Deshalb kaufen sie die gleichen Aktien wie er und verstehen nicht, warum sie sich von ihrer Rendite nicht einmal einen Kaffee kaufen können. Sie übersehen, wie lange er schon sein Geld investiert und dass er im Laufe seines Lebens kleine, bewusste Entscheidungen getroffen hat.

Viele wollen mit Aktien reich werden. Sie fangen mit großen Hoffnungen an, werden aber nervös, wenn der Markt schwankt. Ihr Traum wird zum Albtraum. Warren Buffet nutzt schwierige Marktsituationen und setzt vernünftige Strategien ein, egal, was in der Wirtschaft passiert. Er hält sich an grundlegende, erprobte Investitions- und Finanzprinzipien.

Genauso können wir auch in unseren Beziehungen vorgehen. Wir wissen nicht, was auf uns zukommt. Aber wir können in unseren Beziehungen Investitionsprinzipien anwenden, um die höchstmögliche Rendite zu bekommen.

Wenn wir ein Happy End wollen, müssen wir bewusst etwas dafür tun. Obwohl wir wissen, dass wir keine Garantie haben, können wir die nötige Arbeit investieren, um die gewünschten Ergebnisse zu erzielen. Diese Muster führen zu vorhersehbaren Ergebnissen – sowohl im Finanzbereich als auch in Beziehungen.

Das Herz investieren

Ich nenne Ihnen jetzt einige Prinzipien bei Geldinvestitionen, die sich auf Ihre Investitionen in die Beziehung mit einem Mann übertragen lassen.

Investieren Sie in etwas, das Sie kennen

In der Finanzwelt treffen zu viele Menschen Investitionsentscheidungen aufgrund eines „heißen Tipps", den sie in den Medien gehört haben, und wundern sich dann, wenn sie nicht sofort das große Geld machen. Fachleute raten, dass man nie in etwas investieren sollte, das man nicht wirklich kennt.

Wenn Sie einem Mann Ihr Herz schenken, sollte das eine gut überlegte Entscheidung sein. Er ist es wert, ein Leben lang studiert zu werden. Je mehr Sie über ihn wissen, umso wohler fühlen Sie sich bei Ihrer Investition. Wenn Sie diesen einen bestimmten Mann wirklich gut kennen, haben Sie die bestmögliche Chance auf eine gelingende Beziehung zu ihm.

Erschrecken Sie nicht, wenn eine Talfahrt kommt

Wenn eine Aktie steigt, freuen sich die Leute und kaufen sie. Fällt allerdings der Aktienkurs, dann geraten sie in Panik und stoßen sie ab. Kluge Investoren machen es genau umgekehrt: Sie kaufen, wenn der Kurs niedrig ist, und sie halten an der Investition fest, bis der Kurswert steigt, um ihren Gewinn zu maximieren.

Im Leben gibt es auch Höhen und Tiefen, und Männer sind gegen diese Schwankungen nicht immun. Wenn das Leben anstrengend wird, geben manche Frauen die Beziehung auf, weil sie nicht so läuft, wie sie es sich wünschen. Dabei wäre es oft besser, noch mehr zu investieren und für die Zeit, wenn der „Kurs" wieder steigt, einen Wachstumsprozess in Gang zu setzen. Dazu sind Mut und Hingabe nötig. Nur so können Sie den höchstmöglichen Gewinn erzielen.

In einer Ehebeziehung bedeutet das, die Versprechen zu halten, die Sie bei Ihrer Hochzeit gegeben haben, als Sie sich gegenseitig „in guten wie in schlechten Zeiten" versprachen. Schwere Zeiten sind nicht angenehm, aber sie sind der Nährboden für Reife.

Nutzen Sie den Zinseszinseffekt

Kleine Investitionen, die über einen längeren Zeitraum getätigt werden, profitieren vom Zinseszinseffekt. Am Anfang sieht es so aus, als würden Sie nur wenige Cents Gewinn machen. Aber wenn Sie diese Cents wieder investieren, bekommen Sie dafür erneut Zinsen. Und Ihr Gewinn steigt. Wenn Sie das lange genug machen, potenziert sich Ihr Gewinn.

Investieren Sie nur hin und wieder viel Energie in einen Mann, können Sie keine großen Gewinne erwarten. Sie sollten sich auch nicht regelmäßig emotional zurückziehen, weil Sie damit das Gegenteil des Zinseszinseffekts erreichen. Wenn Sie wollen, dass Ihre Investition in einen Mann wächst, sollten Sie konsequent jeden Tag kleine Investitionen tätigen, die sich im Laufe der Zeit multiplizieren. Dadurch wird das Grundkapital geschützt und es kann weiter wachsen.

In Beziehungen gibt es keine Strategien, wie man schnell reich wird. Geduld und Ausdauer sind nötig. Ihre Investition wird wachsen, und die Rendite wird immer größer.

Arbeiten Sie mit Profis

Onkel Theo hat mit seiner Investitionsstrategie vielleicht viel Geld gemacht, aber das heißt nicht, dass Sie es genauso machen sollten wie er. „Finanzexperten" in den Medien geben Ratschläge, aber ihnen ist gleichgültig, ob ihre Tipps für Sie aufgehen oder nicht. Ein erfahrener Finanzplaner, dem Sie und Ihr Erfolg am Herzen liegen, ist hingegen eine wertvolle Hilfe. Sie sind strategische Partner, nicht einfach Berater. Sie haben die Ausbildung und Erfahrung, um schon kleine Probleme zu erkennen, die man lösen muss, bevor sie zu groß werden.

Ich versuche nicht, die Heizung in meinem Haus selbst einzubauen, meinen Automotor selbst auszutauschen oder mich selbst zu operieren. Für solche wichtigen Aufgaben bezahle ich Fachleute, die dafür die nötige Qualifikation mitbringen.

Beziehungen wachsen auch nicht von selbst. Wir sind zu sehr persönlich involviert, um alles Wichtige zu erkennen. Deshalb teilen wir unser Leben mit anderen Menschen und begeben uns gemeinsam auf den Weg. Wenn uns der Weg unüberwindlich erscheint, wenden wir uns an einen Fachmann.

Ich bin in Arizona aufgewachsen. Als Teenager wollten wir so viel Sonne wie möglich abbekommen. Wir haben sogar Bräunungsöle verwendet, um die Wirkung der Sonnenstrahlen zu verstärken. Niemand hat uns damals gesagt, dass das ungesund sein könnte.

Jetzt gebe ich sehr viel Geld für meinen Hautarzt aus. Ich suche ihn ein- bis zweimal im Jahr auf und lasse meine Flecken entfernen, bevor sie krebsartig werden. Ich sehe und fühle diese Flecken nicht einmal, aber dank seiner Erfahrung, seines Studiums und seines Fachwissens findet er sie und entfernt sie, sobald sie auftauchen. Die Behandlung ist nicht immer angenehm, aber sie verhindert, dass ich Hautkrebs bekomme.

Ich habe eine hohe Meinung von Therapeuten und professionellen Beziehungsberatern. Männer fühlen sich leicht als Versager, wenn sie Hilfe in Anspruch nehmen müssen. Dahinter steckt die indirekte Annahme, dass wir alle unsere Probleme selbst lösen könnten. Das ist zwar eine nette Vorstellung, aber sie ist leider unrealistisch.

Männer haben damit häufig Probleme, weil sie gern alles im Griff haben. Sie warten oft, bis das Problem außer Kontrolle geraten ist, bevor sie Hilfe suchen. Ihrer Meinung nach verschwindet das Problem irgendwann von selbst, wenn sie es nur lange genug ignorieren. Aber es wächst wie ein emotionales Krebsgeschwür, das eine Beziehung zerstören kann, wenn es nicht behandelt wird.

Die Lösung? Solange alles gut läuft, sollten Sie mit Ihrem Mann darüber sprechen, dass ein „Tuning" Ihrer Beziehung guttun könnte. Warten Sie damit nicht, bis Sie vor größeren Problemen stehen. Es ist für ihn weniger bedrohlich, wenn er nicht den Eindruck hat, er müsste sofort etwas unternehmen, und wenn er sich nicht angegriffen fühlt. Sie könnten ihm vorschlagen, dass Sie Ihre Beziehung regelmäßig von einem professionellen Therapeuten durchchecken lassen könnten, so wie Sie sich einmal im Jahr von Ihrem Arzt durchchecken lassen.

Vereinbaren Sie einen Termin für ein „Tuning" mit einem Therapeuten und lassen Sie ihn die kleinen Flecken finden und entfernen, bevor sie zu einem Krebsgeschwür anwachsen. Das ist eine Chance, Vorsorgemaßnahmen zu ergreifen, bevor eine Kleinigkeit riesige Dimensionen annehmen kann.

Eine hohe Rendite bekommen

Wir haben in diesem Buch gemeinsam erkundet, wie ein Mann denkt und worin sich sein Denken von dem einer Frau unterscheidet. Wenn Sie die Dinge mit den Augen eines Mannes sehen, verstehen Sie ihn besser und haben eine gute Grundlage für eine erstklassige Beziehung. Sobald das Fundament steht, können Sie in Ihren Mann investieren und werden erleben, wie er reift.

Wenn Sie ein paar von den Dingen ausprobieren, die ich in diesem Buch vorgeschlagen habe, setzen Sie Ihre Investitionsstrategie in die Tat um. Kleine, konsequente Handlungen haben großes Potenzial. Es gibt keine schnellen Lösungen, sondern nur langfristige, vernünftige Beziehungsarbeit.

Würde mich jemand darum bitten, ein paar besonders wichtige Investitionsstrategien aus diesem Buch herauszupicken, dann würde ich die folgenden einfachen Strategien wählen, denn sie führen zu den größten, lebenslangen Erfolgen.

Sehen Sie die Dinge immer auch mit seinen Augen, damit Sie seine Einstellung besser verstehen

Es geschieht nie automatisch, dass man die Dinge mit den Augen eines anderen Menschen sieht. Deshalb müssen Sie sich bewusst entscheiden, dass Sie das in Zukunft machen wollen. Je mehr Sie die Unterschiede zwischen sich und Ihrem Mann akzeptieren und entsprechend damit umgehen, umso mehr Freiheit haben Sie, eine echte Partnerschaft mit ihm zu entwickeln. Gleichzeitig macht es ihn frei, der Mann zu werden, als den Gott ihn geschaffen hat.

Verbringen Sie miteinander ungezwungene Zeiten

Die meisten Männer sind nicht sonderlich erpicht darauf, über ihre Beziehung zu sprechen und ihre Gefühle zu analysieren. Sie wollen ihre Frau einfach genießen, und das geschieht normalerweise dann, wenn sie etwas miteinander unternehmen. Stillen Sie das Bedürfnis Ihres Mannes nach Gemeinschaft und Aktivität, ohne zu viel über Ihre Beziehungsprobleme zu sprechen. Dann ist er im Ernstfall wahrscheinlich viel eher bereit, darüber zu reden.

Er hat den tiefen Wunsch, Sie einfach zu genießen. Nehmen Sie sich Zeit und tun Sie mit ihm etwas, das Ihnen beiden Freude macht.

Lachen Sie viel miteinander

Wenn das Leben kompliziert wird, passiert es leicht, dass man alles viel zu ernst nimmt. Das Leben *ist* ernst. Aber wenn Sie in einer Beziehung auch Leichtigkeit zulassen, wird es für Ihren Mann einfacher, ernst zu sein. In Spielfilmen wird Humor eingesetzt, um in Stresssituationen Spannung abzubauen. Das ist auch in Beziehungen nötig.

Meine Frau und ich haben uns vor einigen Jahren mit Freunden darüber unterhalten, wie wir in unserer Beziehung mit schwierigen Angelegenheiten umgehen. Sie fragten, wie wir ein paar herausfordernde Situationen bewältigt hätten, und wir beschrieben, wie wir in der Regel miteinander umgehen – normalerweise mit einer Kombination aus ernsten Gesprächen und Humor.

Die Frau sagte: „Ich glaube, ihr beide seid einfach glücklicher als die meisten anderen." Über diesen Satz habe ich lange nachgedacht. Wahrscheinlich hat sie recht, aber wir sind nicht glücklich, weil das Leben immer rosarot wäre. Ich denke, wir haben uns bewusst vorgenommen, einander zu genießen, ob die Umstände jetzt gut oder schlecht sind. Wir haben gelernt, als Team zusammenzuarbeiten, weil wir wissen, dass es uns beide stärker macht, wenn wir das Problem gemeinsam angehen.

Ihr Mann ist eine Beziehung zu Ihnen eingegangen, weil er das für schöner hielt, als allein zu sein. Wenn in einer Beziehung der Humor auf der Strecke bleibt, wird alles schwer und mühsam. Nehmen Sie sich deshalb vor, Ihren Humor und Ihre Verspieltheit nicht zu verlieren. Dann kann er Sie genießen, egal, was das Leben bringt.

Zeigen Sie ihm in kleinen wie in großen Dingen, dass Sie ihn respektieren

Ein Mann hat das starke Bedürfnis, respektiert zu werden. Wie sehr dieses Bedürfnis erfüllt wird, entscheidet sogar darüber, wie erfolgreich er in seinem Leben zurechtkommt. Wenn er weiß, dass Sie ihn in seiner Unvollkommenheit respektieren, bekommt er die Kraft, der Mann zu sein, den Sie sich wünschen. Es kann leicht passieren, dass Sie diesen Respekt als selbstverständlich voraussetzen, weil dieses Bedürfnis bei Ihnen wahrscheinlich nicht so stark ausgeprägt ist. Vergessen Sie nie, dass er Respekt genauso dringend braucht wie ein durstiger Mensch Wasser.

Konkretisieren Sie Ihre Erwartungen

Machen Sie sich bewusst, dass Sie alles immer durch unterschiedliche Brillen sehen. Klären Sie, ob Sie die Sicht Ihres Mannes richtig verstanden haben, bevor Sie irgendwelche Vermutungen anstellen.

Wenn er zum Beispiel einkaufen fährt und fragt: „Soll ich dir etwas mitbringen?", antworten Sie vielleicht: „Ja, bring mir bitte einen Apfel mit." Sie stellen sich einen großen, knackigen, roten Apfel vor. Stattdessen bringt er einen kleinen, runzeligen, gelben mit, weil es nichts anderes mehr gab. Er hat getan, worum Sie ihn gebeten haben, und seiner Meinung nach hat er Ihren Wunsch erfüllt. Aber Sie hatten andere Erwartungen und sind enttäuscht.

Unterschiedliche Erwartungen sind einer der Hauptgründe, warum Männer und Frauen Probleme miteinander haben. Nehmen Sie sich die Zeit zu klären, was Ihr Mann denkt (und konkretisieren Sie Ihre eigenen Erwartungen). Damit ersparen Sie sich viel Frustration.

Passen Sie auf sich auf

Achten Sie auf Ihren eigenen Reifungsprozess. Machen Sie Ihre Selbstwahrnehmung nicht davon abhängig, wie sich Ihr Mann verhält (oder nicht verhält). Vielleicht reift er und reagiert positiv, vielleicht kämpft er selbst mit etwas. Lassen Sie sich nicht auch nach unten ziehen. Essen Sie richtig, schlafen Sie richtig und investieren Sie in sich. Sie müssen sich mit Ihrer ganzen Persönlichkeit einbringen, wenn Sie eine reife Beziehung haben wollen.

Handeln Sie bewusst

Je wichtiger und wertvoller etwas ist, umso mehr Aufmerksamkeit verdient es. Wenn Sie mit einem Mann eine Beziehung eingehen, ist das die größtmögliche Investition, die Sie je machen werden, und die Beziehung hat das Potenzial für die größtmögliche Rendite. Beobachten Sie ihn, reifen Sie mit ihm und glauben Sie an ihn. Helfen Sie ihm ganz bewusst, das Beste aus sich herauszuholen.

Das Potenzial zu etwas Großem

Investitionen sind immer ein Versuch, Risiko und Gewinn gegeneinander abzuwägen. Ein Sparkonto auf der Bank ist sicher und risikolos, aber man bekommt dabei nicht viele Zinsen. Niedriges Risiko, niedrige Gewinnchancen. Wenn Sie eine große Rendite wollen, müssen Sie in etwas investieren, in dem mehr Potenzial steckt, bei dem Sie aber keine Garantie haben.

Bei einem Mann ist es genauso. Wenn Sie Ihre Gefühle in einen Mann investieren, erhoffen Sie sich das Beste. Sie könnten auf Nummer sicher gehen, sich bemühen, dass die Beziehung so bleibt, wie sie ist, und hoffen, dass alles gut ausgeht. Mit dieser Strategie hält eine Beziehung vielleicht, aber sie wird nicht aufblühen.

Oder Sie könnten Ihren Mann als erstklassige Investition betrachten. Er steckt voller Potenzial, und es besteht die Möglichkeit, dass Sie mit Ihrer Investition astronomische Gewinne einfahren. Ja, es ist mit Risiken verbunden. Sie wissen nie, wie es ausgehen wird. Vielleicht ist sein Aktienwert im Moment niedrig. Je mehr Sie ihn kennenlernen und sich bewusst bemühen, in sein Leben zu investieren, umso größere Chancen haben Sie, in Ihrer Beziehung etwas Großes zu erreichen.

Viele Menschen geben sich in ihren Beziehungen mit Mittelmäßigkeit zufrieden. Aber wenn Sie die Herausforderung annehmen und Ihr „Portfolio" um Ihren Mann aufbauen, können Sie in Ihrer Beziehung ungeahnte Höhen erreichen. Wie Buzz Lightyear im Film *Toy Story* sagt: „Bis ins Unendliche ... und noch weiter."[27]

Drei Dinge sollten Sie sich über Ihren Mann merken:

1. Er hat ein grenzenloses Potenzial, ein großartiger Mann zu sein.
2. Sie haben mehr Einfluss darauf, dass er ein großartiger Mann wird, als jeder andere Mensch.
3. Wenn er sich von Ihnen unterstützt und respektiert fühlt, tut er normalerweise alles für Sie und Ihre Beziehung. Mit anderen Worten: Er investiert auch etwas in die Beziehung.

Dieses Buch hat Ihnen gezeigt, wie Sie sich Ihrem Mann gegenüber verhalten können. Es gibt keine Geheimformel für gelingende Beziehungen. Man kann nie vorhersagen, wie Ihr Mann auf Ihre Entscheidungen reagieren wird. Aber wenn Sie bei Ihren Entscheidungen seine Interessen, Prioritäten und Bedürfnisse im Blick haben, erhöhen Sie die Chancen, dass er auf eine neue, positive Art reagiert.

In Wirklichkeit arbeiten Sie also nicht an ihm, sondern an sich selbst.

In vielen Büchern steht, dass sich eine Frau ändern müsste, um so zu werden, wie ihr Mann es erwartet und will. Mir geht es um etwas völlig anderes.

Sie sollen auf keinen Fall etwas werden, das Sie nicht sind. Und Sie sollen nichts von sich selbst aufgeben, nur um Ihrem Mann zu gefallen. Es geht darum, dass Sie sich selbst weiterentwickeln, dass Sie sich selbst treu bleiben und Ihr wahres Ich fördern.

Aber machen Sie sich dabei bewusst, was im Kopf eines Mannes vor sich geht. Wenn Sie das Leben durch seine Brille betrachten, können Sie Entscheidungen treffen, die für Sie beide gut sind.

Werden Sie immer mehr ganz Sie selbst, dann fällt es ihm schwer, *nicht* anders auf Sie zu reagieren. Immerhin sind Sie (in gewisser Weise) ein anderer Mensch geworden. Wenn Sie sich ändern, kann es gut sein, dass er Sie anders wahrnimmt und entsprechend reagiert.

Wagen Sie es

Sie haben dieses Buch gelesen, weil Sie Ihren Mann manchmal nicht verstehen. Sie haben sich Einsichten, Formeln und Vorschläge erhofft, die Ihre Beziehung stärken, aber Sie waren nicht sicher, was Sie erwartet.

Mein Ziel war es, Ihnen einen Blick in den Kopf Ihres Mannes zu ermöglichen. Ich kann Ihnen die Entscheidung nicht abnehmen und ich kann keine kaputten Beziehungen heilen. Das kann kein Buch. Ich kann nur ein Begleiter sein, der Sie auf die Punkte hinweist, die Sie sonst vielleicht nicht sehen würden, und einige gefährliche Stellen erklären, die tückisch sein können. Ich hoffe, dieses Buch hat Ihnen geholfen, Ihren Mann mit neuen Augen zu sehen.

Es liegt bei Ihnen, wie Sie jetzt weitermachen. Vielleicht ist in Ihrer Beziehung ein ehrliches Gespräch über Ihre Unterschiede nötig. Vielleicht müssen Sie Ihre Erwartungen konkretisieren. Vielleicht fehlt eine Portion Humor oder Leidenschaft oder Demut. Vielleicht brauchen Sie professionelle Hilfe. Vielleicht brauchen Sie auch einfach nur Zeit.

Alles beginnt mit dem nötigen Verständnis. Wenn Sie nicht wissen, wie ein Mann denkt, sind alle Versuche, Ihre Beziehung zu verbessern, zum Scheitern verurteilt. Aber wenn echtes Verständnis die Grundlage für Ihre Beziehung ist, haben Sie grenzenlose Möglichkeiten zu reifen.

Es gibt keine Gebrauchsanleitung für Ihren Mann.

Vielleicht sollten Sie gemeinsam mit ihm eine schreiben.

ANMERKUNGEN

1   Molly Edmonds: „Do Men and Women Have Different Brains?"; in: *How Stuff Works*. http://science.howstuffworks.com/life/inside-the-mind/human-brain/men-women-different-brains1.htm (letzter Zugriff: 11. Dezember 2015).

2   Bjorn Carey: „Men and Women Really Do Think Differently"; in: *Live Science*. 20. Januar 2005. http://www.livescience.com/health/050120_brain_sex.html (letzter Zugriff: 13.03.2017).

3   Edmonds, „Do Men and Women Have Different Brains?"

4   Robert Heinlein: „Robert Heinlein Quotes"; in: *World of Quotes*. http://www.worldofquotes.com/author/Robert+Heinlein/1/index.html (letzter Zugriff: 11. Dezember 2015).

5   Kevin Leman: *Geschwisterkonstellationen. Die Familie bestimmt Ihr Leben*. 6., neu ausgest. Aufl. München: mvg Verlag 2004.

6   Mike Bechtle: *People Can't Drive You Crazy If You Don't Give Them The Keys*. Grand Rapids: Revell 2012.

7   Shaunti Feldhahn: *Männer sind Frauensache. Was Frauen über Männer wissen sollten*. Asslar: Gerth Medien 2006, Kapitel 2.

8   Ken Blanchard: „75 Years with Ken Blanchard – Looking Back and Looking Ahead"; in: *Ignite!* http://www.kenblanchard.com/Leading-Reasearch/Ignite-Newsletter/May-2014 (letzter Zugriff: 13. März 2017).

9   „All in the Family"; in: *Wikipedia*. https://en.wikipedia.org/wiki/All_in_the_Family (letzter Zugriff: 11. Dezember 2015).

10   Edmonds, „Do Men and Women Have Different Brains?"

11   „10 Things You Chicks Should Really Understand about Us Guys"; in: *Hub Pages*. http://hubpages.com/relationships/10-Things-You-Chicks-Should-Really-Understand-about-Us-Guys (letzter Zugriff: 30. Dezember 2014).

12   „Six Things Men Wish They Could Tell Women"; in: *eHarmony*. http://eharmony.com/dating-advice/relationships/six-things-men-wish-they-could-tell-women/#.WMjuwv8iw8Y (letzter Zugriff: 11. Dezember 2015).

13   Dr. Alan Francis: *Everything Men Know about Women*. Riverside/NJ: Andrews McMeel Publishing 1995.

14   „10 Things You Chicks Should Really Understand about Us Guys".

15   „Six Things Men Wish They Could Tell Women".

16   Robi Ludwig: „Honey, Did You Hear Me? Why Men Don't Listen"; in: *Today Health*. 27. Oktober 2009. http://www.today.com/id/33495762/ns/today-today_health/t/honey-did-you-hear-me-why-men-dont-listen/#. VkjiNKPTmrU (letzter Zugriff: 13. März 2017).

17   James Michael Sama: „Actions Speak Louder Than Words: 12 Ways Men Show Their Love"; in: *Huffington Post*. 13. März 2015. http://www.huffington-post.com/james-michael-sama/actions-speak-louder-than-words-12-ways-men-show-their-love_b_6851744.html (letzter Zugriff: 13. März 2017).

18   Brian Luke Seaward: *Managing Stress. Principles and Strategies for Health and Well-Being*. Burlington/MA: Jones & Bartlett Learning 2011, Kapitel 6.

19   Bruce Feirstein: *Real Men Don't Eat Quiche*. New York: Pocket Books 1982.

20   Rick Warren: *Leben mit Vision. Wozu um alles in der Welt lebe ich?* 2., überarbeitete und erweiterte Auflage. Asslar: Gerth Medien 2014.

21   Sprüche 27,17. Hoffnung für alle®, Copyright © 1983, 1996, 2002, 2015 by Biblica Inc.®. Verwendet mit freundlicher Genehmigung des Herausgebers Fontis, Basel. Alle weiteren Rechte weltweit vorbehalten.

22   Mike Bechtle: *People Can't Drive You Crazy If You Don't Give Them The Keys*. Grand Rapids: Revell 2012.

23   Eleanor Roosevelt: „Eleanor Roosevelt Quotes"; in: *Brainy Quote*. http://www.brainyquote.com/quotes/quotes/e/eleanorroo161321.html (letzter Zugriff: 11. Dezember 2015).

24   Viktor E. Frankl: *Man's Search for Meaning*. Boston: Beacon Press 2000, S. 112 (dt. Titel: *Der Mensch vor der Frage nach dem Sinn. Eine Auswahl aus dem Gesamtwerk*. München: Piper 1985).

25   James Stuart Bell and Jeanette Gardner Littleton: *Living the Serenity Prayer. True Stories of Acceptance, Courage, and Wisdom*. Avon/MA: Adams Media 2007, S. 3.

26   Jack London: *To Build a Fire and Other Stories*. New York: Bantam Classics 1986.

27   „Buzz Lightyear"; in: *Wikipedia*. https://en.wikipedia-org/wiki/Buzz_Lightyear (letzter Zugriff: 11. Dezember 2015).

Der Verlag weist ausdrücklich darauf hin, dass bei Links im Buch
zum Zeitpunkt der Linksetzung keine illegalen Inhalte auf den verlinkten Seiten
erkennbar waren. Auf die aktuelle und zukünftige Gestaltung, die Inhalte
oder die Urheberschaft der verlinkten Seiten hat der Verlag keinerlei Einfluss.
Deshalb distanziert sich der Verlag hiermit ausdrücklich von allen Inhalten
der verlinkten Seiten, die nach der Linksetzung verändert wurden, und
übernimmt für diese keine Haftung.

Die amerikanische Originalausgabe erschien im Verlag Revell unter dem Titel
„I wish he had come with instructions". Published by arrangement with Revell,
a division of Baker Publishing Group, Grand Rapids,
Michigan, 49516, U.S. A. All rights reserved.
© 2016 by Mike Bechtle
© der deutschen Ausgabe 2017 by Gerth Medien GmbH,
Dillerberg 1, 35614 Asslar
Die Bibelzitate wurden folgender Übersetzung entnommen:
Hoffnung für alle®, Copyright © 1983, 1996, 2002, 2015 by Biblica Inc.®
Verwendet mit freundlicher Genehmigung des Herausgebers Fontis, Basel.
Alle weiteren Rechte weltweit vorbehalten.

1. Auflage 2017
Bestell-Nr. 817226
ISBN: 978-3-95734-226-3

Umschlaggestaltung: Hanni Plato
Lektorat: Nadine Weihe
Satz: Vornehm Mediengestaltung, München
Druck und Verarbeitung: GGP Media GmbH, Pößneck
Printed in Germany

www.gerth.de